语音发声

YUYIN [第4版]
FASHENG
(DI-SI BAN)

王璐　吴洁茹　编著

中国传媒大学出版社
·北京·

目 录

第 4 版序言 /1

第一编　语音篇 /1
  第一单元　普通话声母训练 /4
    一、声母的发音部位和发音方法 /5
    二、难点声母对比训练 /19
    三、声母综合训练 /24
  第二单元　普通话韵母训练 /43
    一、单韵母训练 /43
    二、复韵母训练 /51
    三、鼻韵母训练 /58
    四、难点韵母对比训练 /67
    五、韵母综合训练 /69
  第三单元　普通话声调训练 /82
    一、声调 /82
    二、普通话的调类和调值 /82
    三、声调训练 /83
  第四单元　语流音变训练 /101
    一、轻声 /101
    二、儿化 /103
    三、变调 /105

四、语气词"啊"的音变　/108

五、词的轻重格式　/110

六、语流音变综合训练　/112

第二编　发声篇　/123

　　第五单元　呼吸控制训练　/126

　　　　一、胸腹联合式呼吸法　/126

　　　　二、弱控制训练　/130

　　　　三、强控制训练　/133

　　第六单元　口腔控制训练　/139

　　　　一、口部训练　/139

　　　　二、声音集中训练　/140

　　　　三、象声词训练　/140

　　　　四、字词训练　/141

　　　　五、合口呼、撮口呼训练　/141

　　　　六、诗词训练　/142

　　　　七、贯口段子训练　/143

　　　　八、口腔控制综合训练　/143

　　第七单元　吐字归音训练　/146

　　　　一、字头训练　/147

　　　　二、四呼训练　/150

　　　　三、十三辙训练　/151

　　　　四、吐字归音综合训练　/155

　　第八单元　共鸣控制训练　/159

　　　　一、口腔共鸣训练　/159

　　　　二、鼻腔共鸣训练　/161

　　　　三、胸腔共鸣训练　/163

　　　　四、头腔共鸣训练　/165

目录

　　　　　　　五、共鸣控制综合训练　/165
　　第九单元　**声音弹性训练**　/171
　　　　　　　一、扩展音域训练　/171
　　　　　　　二、加强声音对比训练　/172
　　第十单元　**嗓音保护与不正确用声纠正**　/179
　　　　　　　一、播音用声要求　/179
　　　　　　　二、嗓音与情、声、气的关系　/179
　　　　　　　三、几种嗓音病理现象　/180
　　　　　　　四、嗓子的保护方法　/180
　　　　　　　五、常见的不正确发声方法及其纠正　/181
　　第十一单元　**科学练声**　/189
　　　　　　　一、练声的目的　/189
　　　　　　　二、练声的原则　/189
　　　　　　　三、练声的内容　/190
　　　　　　　四、练声的时间　/190

第三编　综合运用篇　/193
　　第十二单元　**诗歌类**　/196
　　　　　　　一、古诗词　/196
　　　　　　　二、现代自由体诗　/206
　　第十三单元　**散文类**　/221
　　第十四单元　**故事类**　/229
　　第十五单元　**新闻类**　/242
　　　　　　　一、简讯　/242
　　　　　　　二、消息　/247
　　　　　　　三、新闻专稿　/254
　　　　　　　四、新闻短评　/258

第十六单元　主持类　/263
　　　　　　　一、生活服务类　/263
　　　　　　　二、新闻评论类　/267
　　　　　　　三、节目预报类　/272
　　　　　　　四、天气预报类　/273
第十七单元　绕口令　/275
第十八单元　曲艺类　/282
第十九单元　歌曲类　/284
　　　　　　　一、琴歌　/284
　　　　　　　二、通俗歌曲　/287

后　记　/290

音频目录

（注：文中铺灰的文字为音频内容）

语音发声(第 4 版)
音频+PPT

1. 声母训练 / 王　璐　7
2. 声母综合训练 / 吴洁茹　25
3. 韵母示范・单韵母训练 / 王　璐　43
4. 复韵母训练 / 王　璐　51
5. 鼻韵母训练 / 王　璐　58
6. 韵母综合训练 / 吴洁茹　69
7. 声调训练 / 王　璐　83~87,90
8. 声调综合训练 / 吴洁茹　91
9. 春 / 吴洁茹　222
10. 海燕 / 吴洁茹　225
11. 新闻 / 吴洁茹　242
12. 风雨归舟 / 王　璐　282

第 4 版序言

时光荏苒,转眼间,《播音员主持人训练手册:语音发声》已经出版 22 年了,发行几十万册。这本书得到广大播音主持学习者的厚爱,我十分感动和欣慰。如今,借第 4 版出版的机会向广大读者表达我由衷的谢意!

普通话语音和播音发声是播音员主持人的专业基本功,是每一位专业学习者进行有声语言创作的必经之路,强化基础训练是非常重要的。这本书将帮助你做到以下几点:改善和美化自己的语音发声,掌握普通话的声韵调、语流音变,达到国家普通话水平测试一级标准的要求;掌握呼吸控制、喉部控制等发声技巧,扩展声音对表达的支撑能力,具备良好的用声习惯;做到声气通畅、用声自如,运用自己的声音准确生动地传达稿件内容与自我感受。

本书将语音发声的理论与实践相结合,通过浅显易懂的阐释,力图让读者较快掌握相关理论和技能要点。书中精选的示例稿件,不仅具有典型性、艺术性、思想性与技能性,而且大都是文学经典以及电台、电视台正式播出的稿件。重点内容有作者的示范录音,供学习者参考。

本书的发音器官示意图引自已故著名语音学家徐世荣先生的《普通话语音发音示意图解》[1],特此致谢!对书中所引资料的

---

[1] 徐世荣.普通话语音发音示意图解[M].上海:上海教育出版社,1979.

作者也表示感谢。感谢责任编辑赵欣对全书做了精心安排,对文字进行了认真的修改和编校。期待读者和专家学者对此书批评指正,我们将不胜感激。

王璐

2019 年 8 月

第一编
语音篇

第一编　语音篇

　　语言是人们交流思想的工具,也是人们进行社会生产和社会生活的手段。现在世界上不少国家以全民族共同语在国民中的普及程度,来衡量国家的进步和文明程度。我国地广人多,是个多民族国家,各民族风俗习惯不同,语言差异也很大。要使语言在高速发展的历史时期发挥更大的作用,就必须加快推广普通话的进程,不断提高全社会的普通话水平。

　　汉语普通话是以北京语音为标准音,以北方话为基础方言,以典范的现代白话文著作为语法规范的汉民族共同语。

　　《中华人民共和国国家通用语言文字法》总则第2条规定:国家推广全国通用的普通话。这说明,推广普通话是国家一项重要的语言政策。它是我国语言规范化的法则,明确了普通话在我国语言生活中的主导地位。《中华人民共和国国家通用语言文字法》第12条规定:广播电台、电视台以普通话为基本的播音用语。国家语言文字工作委员会、国家教育委员会、广播电影电视部联合颁发(国语[1994]43号文件)《关于开展普通话水平测试工作的决定》:逐步实行持普通话等级合格证书上岗。要求播音员主持人达到一级水平,即语言要高度规范,做到语音纯正、准确。

　　语音的规范不是个人的事情,它不仅影响到语言的艺术效果,还关系到祖国语言的健康发展。运用不规范的语音,表达就会缺少魅力,缺少动人的色彩。发音上的缺陷,势必给听众、观众的语言与思维带来影响。

　　我国语言学家根据传统分析方法,把汉语字音分成声母、韵母、声调三部分。一个音节的起头部分叫声母,其余部分叫韵母,音节的音高叫声调。声母、韵母、声调构成一个汉语音节。

第一单元　普通话声母训练

普通话的音节由声母、韵母和声调三部分组成。声母是音节的开头部分,中国传统音韵学中叫"字头"。声母由辅音充当,而辅音的特点是时程短(除擦音外)、音势弱,很容易受到干扰。辅音发不好容易产生"吃字"现象,从而影响语音的清晰度和准确度。因此,播音员主持人必须认真练习声母的发音,努力做到"咬得准、发得清",使整个音节完整、清晰。

读者可参阅发音器官示意图(图1-1)来了解发音器官有哪些,还可参阅声母发音部位和发音方法简表(图1-2)来了解声母的发音部位和发音方法。

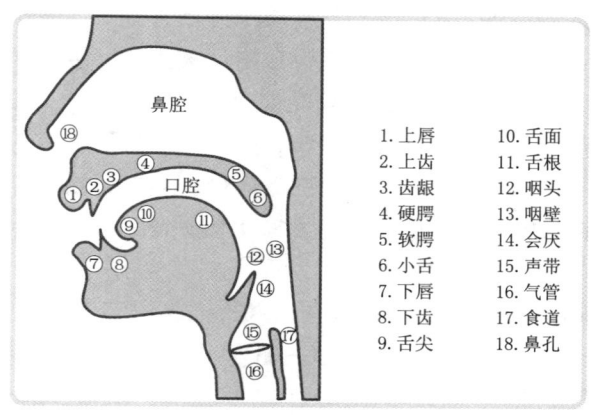

图1-1　发音器官示意图

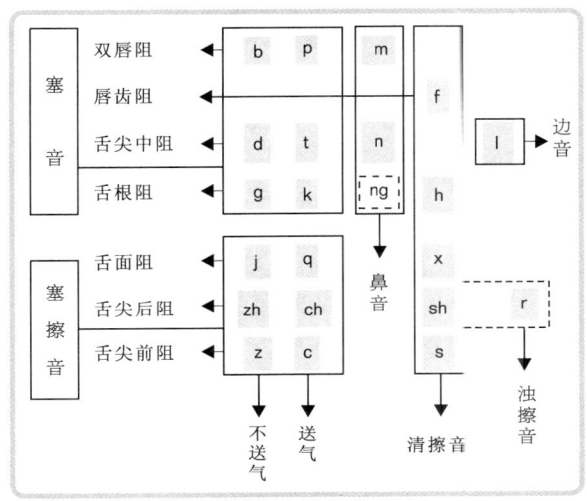

 图1-2 声母发音部位和发音方法简表

一、声母的发音部位和发音方法

声母按发音部位分成七组,分别是:双唇音、唇齿音、舌尖中音、舌根音、舌面音、舌尖后音、舌尖前音。

1. 双唇音 b、p、m

训练提示

- 双唇音指上唇与下唇接触构成阻碍后发出的一种辅音,共有三个。
- b 和 p 的区别在于不送气与送气。而 b、p 和 m 的区别则是前两个辅音发音时软腭提起,气流从口腔通过,而后一个要发成鼻音。注意除阻时的爆发力。
- 发音时,唇舌无力、口腔松软与这三个音发不好有直接关系。发这三个音时,力量应集中在双唇中央。不要咧嘴角,不要双唇抿起,否则会影响音准。

> 送气音的气流别太强。唇部收紧,接触有力,并注意与气息的配合。

b、p 是"双唇阻""塞音"。

图 1-3 中①②③三图,表示"塞音"发音过程的三个阶段:

①准备,发音部位上唇、下唇两部分接触,挤紧;

②蓄气,使气息停在挤紧的双唇的后面;

③发音,挤紧的双唇忽然开放。

这时又分两种方法:一种是"不送气",气息比较自然地放出,这就是 b 的音;一种是"送气",把嘴里存着的一口气用些力气喷出来,这就是 p 的发音。

b、p 的本音(纯粹音)声音不很响亮,我们为了学习方便,可以在这两个音的后面加上一个元音 o,成了 bo、po 的声音,这是 b、p 的"呼读音"。

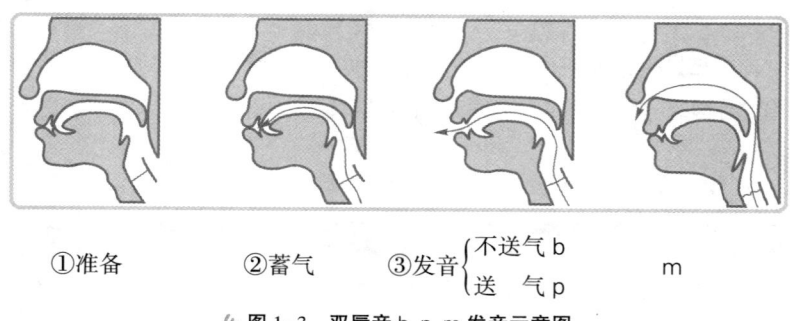

图 1-3 双唇音 b、p、m 发音示意图

m 是"双唇阻""鼻音"。发音时,上唇、下唇紧闭,软腭、小舌下垂,鼻腔通路打开,声带颤动,气息由鼻孔出来;最后,双唇松开,软腭、小舌上升,发音完成。

b

单音节：播 布 北 宾 班 标 贝 别 崩 笨
双音节：播报 奔波 标兵 辨别 百倍 斑驳
　　　　板报 包办 北部 蚌埠 兵变 帮办
四音节：包罗万象 暴跳如雷 悲欢离合 跋山涉水
　　　　百发百中 半路出家 不知所以 博采众长
　　　　不共戴天 闭关自守 不谋而合 不约而同

p

单音节：平 盘 胖 排 批 漂 盆 坡 砰 拍
双音节：排炮 澎湃 批判 乒乓 偏旁 爬坡
　　　　平盆 婆婆 拼盘 偏僻 琵琶 皮袍
四音节：旁观者清 匹夫有责 抛砖引玉 跑马观花
　　　　披星戴月 萍水相逢 平分秋色 平心静气
　　　　品头论足 平易近人 破釜沉舟 普天同庆

m

单音节：妈 慢 门 明 米 谬 满 谋 美 灭
双音节：明媚 美满 美妙 弥漫 茂密 命脉
　　　　埋没 面貌 秘密 买卖 麻木 牧民
四音节：埋头苦干 满城风雨 民富国强 马到成功
　　　　满面春风 弥天大谎 毛手毛脚 茅塞顿开
　　　　美不胜收 面目全非 莫名其妙 默默无闻

1.声母训练
　王 璐

2. 唇齿音 f

训练提示

☞ 唇齿音指下唇与上齿接触构成阻碍后发出的一种辅音。普通话语音中只有 f 一个唇齿音（图 1-4）。

☞ 发音时，上齿与下唇自然接触，形成阻碍，上齿不要咬住下唇，否则成阻部位面积大，力量分散，有发成塞音的趋势，显得笨拙。

☞ 接触面积不要太大,否则易产生杂音,要调理好气息,除阻后紧接元音,这样字音就清楚了。
☞ 扬声器中传出的杂音,一部分就是擦音造成的,要学会节制气流。

f

单音节:发 房 奋 佛 风 分 否 翻 冯 法
双音节:吩咐 非凡 芬芳 丰富 方法 反复
　　　　发放 肺腑 犯法 防范 仿佛 奋发
四音节:发扬光大　翻来覆去　反复无常
　　　　防患未然　飞沙走石　飞扬跋扈
　　　　分秒必争　风尘仆仆　风吹草动

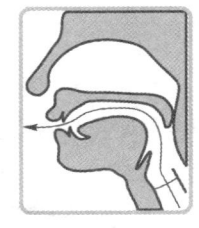

图 1-4　唇齿音 f 发音示意图

3. 舌尖中音 d、t、n、l

训练提示

☞ 舌尖中音指舌尖抵住上齿龈,气流在这一部位受到阻碍后发出的音。
☞ 发音时,部位要准确,舌尖要有力度。
☞ 调整好气息,使受腹部控制的气流,不断地冲击成阻部位,让舌尖灵活有力地弹击上齿龈,这就是"舌的弹卷力"。
☞ "舌的弹卷力"指舌尖阻被突然冲开,不要拖泥带水。
☞ 练习含舌尖音的词组、句子,注意着力点放在舌尖上。用舌尖打嘟噜可以锻炼舌尖的力度。

d、t 是"舌尖中阻""塞音"。图 1-5 中①②③三图表示发音过程。d、t 的发音部位是舌尖和上齿龈(上牙床)。它们的读音是 de、te。

n、l 的读音是 ne、le。n 也可以用在鼻韵母里做韵尾,和 ng

有比较的必要。n 是"舌尖中阻""鼻音",ng 是"舌根阻""鼻音";n 是舌尖用力,ng 是舌根用力;发 n 音时,上下齿接近,发 ng 音时,上下齿可以离开;n 的鼻气息轻些,ng 的鼻气息重些。要练习它们的本音(纯粹鼻音)的发音。

l 是"舌尖中阻""边音"。发音时,舌尖顶住上齿龈,比 n 稍后,声带颤动,气息由舌前部两边出来。

n、l 两个音,不少地方的人在发音时不会分辨。其实,这两个音发音方法完全不同,n 是鼻孔出气(鼻音),l 是舌头两边出气(边音)。学习时要抓住要点加以区分。n、l 是浊音,发音时,声带颤动。

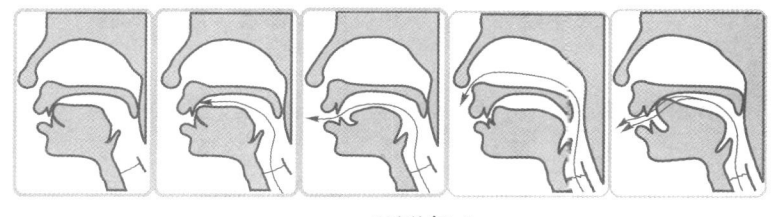

①准备　②蓄气　③发音 { 不送气 d / 送　气 t　　n　　　　l

图 1-5　舌尖音 d、t、n、l 发音示意图

d

单音节：**搭　担　到　得　灯　叼　丢　调　斗　多　肚　电**

双音节：**等待　单调　到达　断定　当代　道德　大地　顶端　抵挡　电灯　答对　打倒**

四音节：**大刀阔斧　大功告成　大公无私　大开眼界　大书特书　点石成金　调虎离山　顶天立地　多多益善　多快好省　德高望重　单刀直入**

t

单音节：**推　吞　坛　洮　逃　铁　图　土　停　特　台　团**

双音节：**天堂　探听　跳台　团体　梯田　体贴　推托　探讨　铁蹄　吞吐　天坛　陶土**

四音节：谈虎色变　铁证如山　通宵达旦　同甘共苦
　　　　同流合污　同舟共济　偷天换日　推波助澜
　　　　兔死狐悲　土崩瓦解　脱颖而出　突如其来

n

单音节：哪　奴　奶　闹　难　能　农　娘　牛　内　南　您
双音节：牛奶　　南宁　　难弄　　男女　　能耐　　恼怒
　　　　泥泞　　扭捏　　奶娘　　奶牛　　农奴　　奶奶
四音节：南腔北调　南征北战　难分难解　难能可贵
　　　　能说会道　能者多劳　弄假成真　怒发冲冠
　　　　怒火中烧　怒形于色　年年有余　泥泞不堪

l

单音节：拉　铃　来　列　驴　楼　罗　老　栾　领　刘　吕
双音节：理论　　流利　　玲珑　　罗列　　冷落　　劳力
　　　　留意　　榴梿　　绿柳　　勒令　　嘹亮　　两利
四音节：来者不拒　劳而无功　劳苦功高　老态龙钟
　　　　冷若冰霜　离题万里　里应外合　两全其美
　　　　流言蜚语　炉火纯青　落花流水　老当益壮

4. 舌根音 g、k、h

训练提示

☞ 舌根音指舌根和软腭相接，气流在这一部位受到阻碍后发出的一种辅音。

☞ 它们是 21 个声母中发音最靠后的三个音，也是音色最暗的一组。

☞ 男声为了追求声音的宽厚、有气势，把这三个本来已经很靠后的舌根音发得更靠后，这样极容易把韵母也带到后面，导致喉音等不良发音状态。

☞ 要注意舌位有意识地前移，也就是"后音前发"。

g、k 是"舌根阻""塞音"。图 1-6 中①②③三图表示发音过程。g、k 的发音部位是舌根和软腭。它们的读音是 ge、ke。

h 是"舌根阻"(舌根接近软腭)"擦音"。

ng 是"舌根阻""鼻音"。发音时,舌根高抬,这时软腭、小舌下垂和软腭挤紧,鼻腔通路打开,声带颤动,带音气流由鼻孔出来,形成 ng 音;最后舌根下降,软腭、小舌上升,发音结束。

g、k、h 的成阻点比较自由,当与前高元音韵母相拼时,成阻点就前移(如 gei);当与后高元音韵母相拼时,成阻点相应后移(如 gu、ku、hu)。

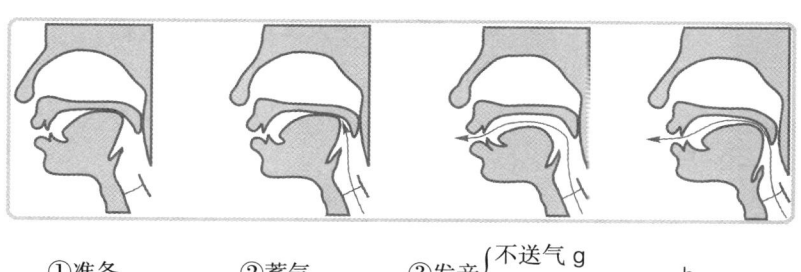

①准备　　②蓄气　　③发音 $\begin{cases} 不送气\ g \\ 送\ \ 气\ k \end{cases}$　　h

图 1-6　舌根音 g、k、h 发音示意图

g

单音节：哥　钢　耕　姑　干　公　更　古　关　光　广　工

双音节：改革　　巩固　　高贵　　光顾　　公共　　感官
　　　　规格　　灌溉　　公告　　骨骼　　梗概　　骨干

四音节：甘心情愿　甘拜下风　感人肺腑　高歌猛进
　　　　高谈阔论　歌功颂德　纲举目张　顾虑重重
　　　　各自为政　功德无量　公而忘私　光彩夺目

k

单音节：考　坑　课　口　空　枯　坎　扣　宽　看　卡　框　哭　渴

双音节：开垦　　宽阔　　刻苦　　可靠　　空旷　　坎坷

	困苦	开口	慷慨	苛刻	窥看	亏空
四音节：	开卷有益	开门见山	开源节流	侃侃而谈
	康庄大道	可歌可泣	刻骨铭心	空前绝后
	口蜜腹剑	扣人心弦	苦尽甘来	宽大为怀

h

单音节：海 哈 杭 好 河 湖 欢 画 吼 很 坏 灰 怀 还

双音节：欢呼 荷花 航海 绘画 浑厚 红花
　　　　黄海 黄昏 悔恨 含混 缓和 和好

四音节：海枯石烂 海阔天空 海誓山盟 骇人听闻
　　　　汗马功劳 好景不长 好大喜功 好为人师
　　　　和平共处 含沙射影 含糊其词 豪情壮志

5. 舌面音 j、q、x

训练提示

☞ 舌面音指舌面前部抵住或接近硬腭前部，气流在这一部位受到阻碍后形成的音。这组音最容易出现的问题是尖音（舌尖化）。

☞ 对于播音员来说，有了尖音，显得不庄重、不朴实。发音时，不要让舌尖碰到牙齿或处于两齿之间，可以防止尖音的出现。

☞ 有些人发舌面音时，舌位比较靠后，这可能受方言影响，所以发音时要找准发音部位。

j、q 是"舌面阻""塞擦音"。"塞擦音"是"塞音"和"擦音"两种发音方法的混合，先"塞"后"擦"。从图 1-7 中可以看出，在准备和蓄气阶段，完全像"塞音"的发音方法，可是到第三步发音时，并不像"塞音"第三步那样忽然把挤紧的发音部位完全放开，而是稍稍放松，留一道窄缝，让气息挤着透过。这一步，和"擦音"的发音方法一样。j、q 在"塞"的阶段是用舌面顶住硬腭（稍前），舌尖是下垂的，舌尖不可碰着上齿。"擦"的阶段和"舌面阻""擦音"一样。这样"不送气"的就是 j，气息弱些；"送气"的就是 q，气息强些,把气喷吐出来。它们的读音是 ji、qi。

x 是"舌面阻"(舌面接近硬腭)"擦音"。"擦音"的发音方法就是在两个发音部位中间,留一道极窄的缝,让气息由窄缝中挤出来,在挤出的时候,就发出摩擦的声音。在普通话中,j、q、x 只能和前高元音 i、ü 相拼,因此只会出现在齐齿呼、撮口呼中。

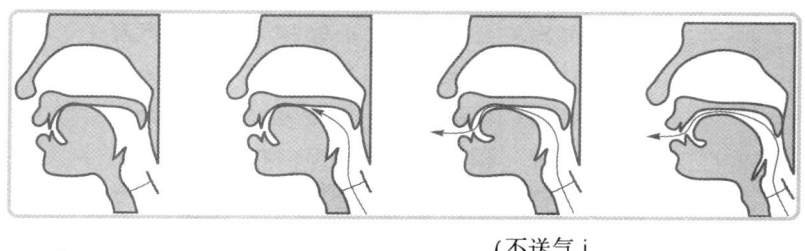

①准备　　　　②蓄气　　　　③发音 { 不送气 j / 送　气 c　　　　x

图 1-7　舌面音 j、q、x 发音示意图

j
单音节:**江** 机 家 街 景 金 炯 居 捐 叫 脚 决 俊 俭
双音节:**加紧**　**境界**　交际　简洁　家境　经济
　　　　集结　即将　建交　积极　艰巨　倔强
四音节:**饥寒交迫**　**积少成多**　**集思广益**　济济一堂
　　　　驾轻就熟　箭在弦上　假公济私　价廉物美
　　　　近水楼台　皆大欢喜　惊天动地　见景生情
　　　　解甲归田　金碧辉煌　尽善尽美

q
单音节:**青** 亲 欺 桥 枪 情 球 去 全 缺 取 窃 前 恰
双音节:**亲切**　**恰巧**　请求　轻巧　情趣　秋千
　　　　崎岖　求亲　气球　齐全　弃权　铅球
四音节:**七上八下**　**其貌不扬**　**奇耻大辱**　取之不尽
　　　　奇珍异宝　旗鼓相当　千载难逢　岂有此理
　　　　气吞山河　气象万千　求同存异　恰如其分

X

单音节：**先 西 香** 新 兴 凶 修 小 宣 许 雪 休 校 消
双音节：**学习 形象 相信** 虚心 新鲜 先行 休息 血型
四音节：**熙熙攘攘 喜出望外** 兴高采烈 细水长流
　　　　下马观花 先声夺人 弦外之音 现身说法
　　　　相敬如宾 心心相印 心领神会 心慌意乱
　　　　心急如火 谢天谢地 息息相关 习以为常
　　　　洗耳恭听 喜新厌旧 先睹为快 先入为主
　　　　相辅相成 相依为命 逍遥自在 小题大做
　　　　笑容可掬 心花怒放 心平气和 心神不宁
　　　　心照不宣 心直口快 信口开河 信以为真
　　　　喜形于色 兴致勃勃 袖手旁观 雪上加霜

6. 舌尖后音 zh、ch、sh、r

训练提示

☞ 舌尖后音指舌尖后移与齿龈后部接触构成阻碍后发出的一种辅音。这组音又叫翘舌音。

☞ 发这组音的问题有两种：一种是这组声母发得比较靠后，把翘舌音发成了卷舌音。克服这个问题，要着重练习舌尖翘起这个动作。

☞ 另一种是发音偏前，舌位较平，接近于舌尖前音（平舌音）的位置。通常称这个问题为"平翘不分"。这时，应注意舌尖尽量后移，顶住硬腭前部，再发舌尖后音，听起来就不那么偏前了。发音时，注意下巴松弛，牙关打开，气息通畅。

　　zh、ch 是"舌尖后阻""塞擦音"（图 1-8）。讲 j、q 的时候，已经讲过"塞擦音"的发音方法。zh、ch 在"塞"的阶段，是舌尖翘起，顶住硬腭前部（上牙床后面），"擦音"的阶段和"舌尖后阻""擦音"sh 的发音一样，可以参看本书第 17 页图 1-10 中 sh 的发音图。

不送气的是 zh，送气的是 ch。念 ch 时，要用力喷出一口气。它们的读音是 zhi、chi。注意 zh、ch 和 z、c 的辨音练习。有些地区(如广东)的人也要注意 zh、ch 和 j、q 的比较。

sh、r 的发音见本书第 17 页。

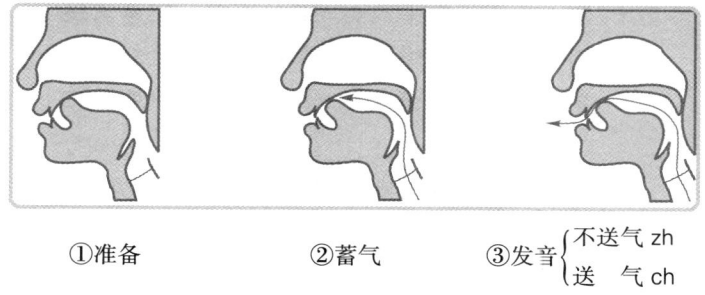

①准备　　②蓄气　　③发音 { 不送气 zh / 送　气 ch

图 1-8　舌尖后音 zh、ch 发音示意图

zh

单音节：赵 郑 知 中 朱 专 庄 周 重 抓 追 扎 摘

双音节：庄重 主张 政治 转折 指针 战争 支柱 挣扎
　　　　郑重 状纸 招致 治装 制止 找针 照准 招展

四音节：掌上明珠　招兵买马　振振有词　争先恐后
　　　　珠圆玉润　郑重其事　知法犯法　知己知彼
　　　　知无不言　咫尺天涯　至高无上　至理名言

ch

单音节：产 吵 车 陈 程 冲 除 船 吹 春 查 揣 床 抽

双音节：超产 长城 船厂 穿插 车床 出产 长处 乘车
　　　　拆穿 沉重 初春 出厂 出处 串场 创制 铲除

四音节：触类旁通　长篇大论　长期共存　畅所欲言
　　　　陈词滥调　沉默寡言　成败利钝　成人之美
　　　　成竹在胸　承上启下　吃苦耐劳　赤胆忠心
　　　　叱咤风云　冲出虎口　愁眉不展

sh

单音节：沙 蛇 筛 省 双 书 生 上 顺 山 水 晌 赏 诗
双音节：山水 双手 闪烁 神圣 沙石 绅士 手术 赏识
　　　　审视 少数 设施 烧水 上山 闪失 首饰 事实
四音节：深入人心　神采奕奕　身价百倍　实事求是
　　　　史无前例　始终不懈　始终如一　世外桃源
　　　　事半功倍　事在人为　适得其反　势如破竹

r

单音节：日 入 如 忍 软 荣 让 然 若 柔 辱 苒 弱 儒
双音节：仍然 柔韧 容忍 闰日 荣辱 扰攘 如若 茬苒
　　　　软弱 忍让
四音节：入情入理　若无其事　若有所思　如愿以偿
　　　　如闻其声　如箭在弦　仁至义尽　人云亦云
　　　　人死留名　燃眉之急　人定胜天　日落西山
　　　　如梦初醒　人心所向　如鱼得水　忍辱负重

7. 舌尖前音 z、c、s

训练提示

☞ 舌尖前音指舌尖平伸抵住或接近上齿背，气流在这一部位受到阻碍后发出的音，又叫平舌音。

☞ 这组音也属于容易出现发音问题的一组音。发音时，一定要部位准确，是舌尖与上齿背成阻，而不是舌面前部整个贴在上齿背上。

☞ 成阻面要小，力量要集中。

☞ 另一个要注意的问题是，避免舌尖伸到两齿中间变成齿间音。

z、c 是"舌尖前阻""塞擦音"(图 1-9)。在"塞"的阶段是舌尖平伸,顶住上门齿的背后,在"擦"的阶段和"舌尖前阻""擦音"s 的发音一样。"不送气"的是 z,"送气"的是 c。念 c 时要用力喷出一口气。它们的读音是 zi、ci。

发音时,注意 z 和 zh 的区别,c 和 ch 的区别,z、c 和 j、q 的区别。

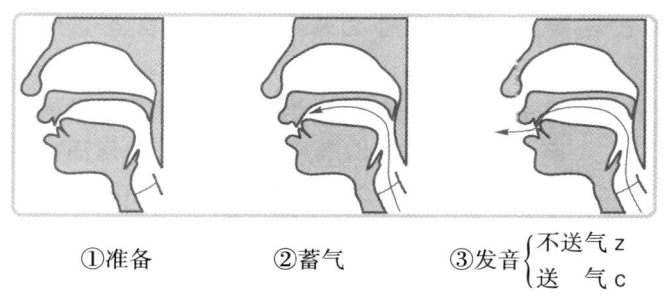

①准备　　　　②蓄气　　　　③发音 { 不送气 z / 送　气 c

◉ 图 1-9　舌尖前音 z、c 发音示意图

s、sh、r 都是"擦音"(图 1-10)。s 是"舌尖前阻"(舌尖平伸,接近门齿背后)"擦音",sh 是"舌尖后阻"(舌尖翘起,接近硬腭最前部)"擦音"。r 和 sh 的发音部位相同,也是"舌尖后阻"。它们的区别是:sh 是"清音",声带不颤动;r 是"浊音",声带颤动。它们的读音是 si、shi、ri。

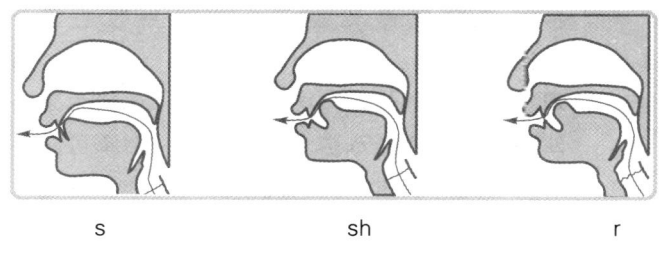

　　　　s　　　　　　　　sh　　　　　　　　r

◉ 图 1-10　舌尖擦音 s、sh、r 发音示意图

要注意 s 与 sh 的区别：s 是"平舌"，舌尖接近齿背；sh 是"翘舌"，舌尖离开齿背，接近硬腭前部。还要注意 s 和 x 的区别：s 是舌尖平伸，接近门齿；x 是舌尖下垂，不要接触上齿背，舌面向硬腭接近。

Z

单音节：栽 脏 遭 贼 怎 增 宗 资 租 嘴 尊 钻 则 走 咱

双音节：藏族 宗教 总则 自尊 孜孜 祖宗 自足 造作 组织 最早

四音节：自得其乐 再接再厉 责无旁贷 自告奋勇 座无虚席 坐吃山空 左右为难 罪魁祸首 自作自受 自以为是 字里行间 孜孜不倦

C

单音节：猜 擦 参 仓 策 涔 此 粗 摧 村 匆 凑 搓 蹭

双音节：层次 粗糙 摧残 仓促 措辞 苍翠 草丛 参差 从此 猜测

四音节：惨不忍睹 沧海桑田 草木皆兵 侧目而视 此起彼伏 藏头露尾 才疏学浅 惨无人道 蚕食鲸吞 藏龙卧虎 草草了事 寸步难行

S

单音节：撒 三 桑 涩 松 思 苏 孙 四 色 扫 塞 酸 梭

双音节：色素 洒扫 琐碎 松散 三思 思索 四散 搜索 诉讼 送死

四音节：司空见惯 丝丝入扣 死里逃生 死去活来 四面楚歌 四通八达 死有余辜 俗不可耐 所向无敌 随机应变 随声附和 损人利己

二、难点声母对比训练

1. 送气音和不送气音的分辨

训练提示

☞ 在本书第 5 页图 1-2 声母发音部位和发音方法简表中可以看出,在塞音和塞擦音两组音中各有 3 个送气音,3 个不送气音。

☞ 送气、不送气是相对而言的,都是指发音时气流送出的状态。没有不用气就可以发出的音。气流自然地流出的微弱且短的音是不送气音。用力喷出一口气的音是送气音。

☞ 发送气音时要注意节制气流,以避免气流太强产生噪音,使话筒里传出"扑扑"的杂音。

(1) 两字词的比较

b、p	被服—佩服	饱了—跑了
	步子—铺子	鼻子—皮子
d、t	队伍—退伍	调动—跳动
	河道—河套	肚子—兔子
g、k	挂上—跨上	关心—宽心
	天公—天空	干完—看完
j、q	尖子—扦子	吉利—奇丽
	长江—长枪	精华—清华
zh、ch	摘花—拆花	扎针—插针
	大志—大翅	竹纸—竹尺
z、c	子弟—此地	大字—大刺
	坐落—错落	清早—青草

(2) 两字词的连用

b、p	编排	被迫	奔跑	爆破
p、b	陪伴	配备	破败	盘剥
d、t	代替	地毯	带头	灯塔
t、d	偷盗	坦荡	态度	天地
g、k	赶快	港口	功课	高亢
k、g	肯干	客观	考古	开工
j、q	机器	价钱	近亲	坚强
q、j	千斤	勤俭	抢救	请假
zh、ch	支持	专长	战船	征程
ch、zh	吃斋	车站	城镇	沉重
z、c	字词	早餐	杂草	资财
c、z	参赞	存在	刺字	操纵

2. 平舌音与翘舌音的分辨

训练提示

☞ 练习平舌音、翘舌音时,首先要能够听辨出两组音的区别,其次要明确两组音发音方法的区别。

☞ 共同点是舌头整个呈现马鞍形,与上颚有两个焦点,一个在前(舌尖与上齿龈),一个在后(舌面后部与硬腭),前高后低,舌面中部呈下凹形态。前一个焦点舌尖前音比舌尖后音靠前,后一个焦点舌尖前音比舌尖后音靠后。舌尖前音的舌面中部下凹度较浅,舌尖后音的舌面下凹度较深。

(1) 两字词的比较

z、zh	自力—智力	栽花—摘花
	短暂—短站	小邹—小周
c、ch	仓皇—猖狂	一层—一成
	藏身—长生	有刺—有翅

s、sh　　四十—事实　散光—闪光
　　　　　三哥—山歌　塞子—筛子

(2)两字词的连用
z、zh　　组织　杂志　再植　赞助
zh、z　　振作　装载　种族　制造
c、ch　　蚕虫　操场　财产　擦车
ch、c　　炒菜　冲刺　尺寸　陈词
s、sh　　桑树　算术　宿舍　松鼠
sh、s　　神色　失散　深思　哨所

3. 翘舌音与舌面音的分辨

训练提示

☞在粤方言区翘舌音与舌面音易出现发音的问题,如"知道"(zhīdào)和"机到"(jīdào)不分。

☞两者的发音部位不同。发翘舌音,舌尖翘起后,顶住或靠近上齿龈后部。而发舌面音的时候,舌面前部抵住或接近硬腭前部。

(1)两字词的比较
zh、j　　标志—标记　朝气—娇气
　　　　　短站—短剑　杂志—杂技
ch、q　　长调—强调　池子—旗子
　　　　　船身—全身　痴人—奇人
sh、x　　诗人—昔人　湿气—吸气

(2)两字词的连用
zh、j　　战舰　章节　真假　折旧
j、zh　　价值　急诊　加重　记者

ch、q	插曲	初期	唱腔	常情
q、ch	起程	球场	汽车	清澈
sh、x	水仙	顺心	升学	瘦小
x、sh	协商	显示	欣赏	兴盛

4. 舌面音的辨析

训练提示

☞ 舌面音 j、q、x 跟 i、ü 或以 i、ü 开头的韵母拼合构成团音；舌尖前音 z、c、s 跟 i、ü 或以 i、ü 开头的韵母拼合构成尖音。比如将尖"jiān"读作"ziān",就出现了尖音。

☞ 有人把团音发成尖音，就是把舌面音发成了舌尖前音。

(1) 两字词的练习

j	嘉奖	健将	讲解	简洁
q	亲切	轻巧	气球	秋千
x	新鲜	雄心	相信	行销

(2) 混合练习

j、q	坚强	解劝	进取	就寝
j、x	焦心	酒席	俊秀	迹象
q、j	清洁	奇迹	起居	巧计
q、x	抢先	前线	亲信	取消
x、j	消极	细节	先进	夏季
x、q	稀奇	戏曲	向前	小桥

5. 舌尖前音的辨析

训练提示

☞ 舌尖前音 z、c、s 的发音问题主要是舌尖不够"尖"，舌面前部（舌叶）与上齿龈接触面过大或过紧而产生噪音。

> 如果舌尖没与上齿背成阻,而处于两齿中间,就是所谓的"大舌头"。

(1)两字词的练习

z	最早	总则	造作	曾祖
c	苍翠	草丛	寸草	从此
s	思索	僧俗	搜索	琐碎

(2)混合练习

z、c	杂草	早餐	遵从	座次
z、s	棕色	走私	阻塞	砸碎
c、z	菜籽	嘈杂	存在	操作
c、s	醋酸	蚕丝	厕所	粗俗
s、z	塞子	散座	四则	色泽
s、c	私藏	松脆	色彩	酸菜

6. 唇齿音 f 和舌根音 h 的分辨

训练提示

> 它们的发音方法是一样的,都是清擦音。
> 区别是在成阻部位上。唇齿音 f 是上齿和下唇形成阻碍,而舌根音 h 的成阻部位在舌根和硬腭与软腭交界处。了解发音部位,是分辨两个声母的前提。
> 进行听力训练,从听觉上灵敏地区分 f、h,再根据"普通话语音音节表"加强记忆。

(1)两字词的比较

f、h　开发—开花　开方—开荒
　　　公费—公会　废话—绘画

(2) 两字词的连用
f、h　发挥　繁华　凤凰　饭盒
h、f　恢复　会费　回访　豪放

7. 鼻音 n 和边音 l 的分辨

训练提示

☞ n 和 l 的发音部位相同,不同的只是发音方法。
☞ n 是鼻音,发音时,气流从鼻腔流出。l 是边音,发音时,气流从舌的两边流出。如感觉不到,可把鼻子堵住,发音困难的就是鼻音,因为气流出不来了。相反,发音不困难的就是边音。练习发边音时,可适当地把嘴咧开一些,这样就可以帮助气流从舌头两边顺利流出。
☞ 有的人不是不会发 n、l,而是受方言影响,不知道哪些音节该发 n,哪些音节该发 l,这就需要根据"普通话语音音节表"去记忆。

(1) 两字词的比较
n、l　女客—旅客　男子—篮子
　　　难住—拦住　留念—留恋

(2) 两字词的连用
n、l　尼龙　脑力　能量　暖流
l、n　烂泥　辽宁　老年　留念

三、声母综合训练

我们可以通过绕口令、古诗词、句段来强化对声母发音的训练。练习中,注意易出现发音问题的声母的对比训练,以便突破声母发音的难点。

除了单音节、双音节、四音节字词的训练,绕口令的训练也是必不可少的。绕口令又称急口令、拗口令。绕口令将发音相同相近的字词编写在一起，读起来十分拗口，练习绕口令可以加强辨音能力，可以使发音更加准确清晰。您可以针对自己的发音问题选择绕口令。练习时，从慢速开始，从说清意思开始，逐渐加快速度。

1. 绕口令

（1）双唇音练习

bā bǎi biāo bīng
八 百 标 兵 （b、p）

2.声母综合训练
吴洁茹

bā bǎi biāo bīng bèn běi pō, pào bīng bìng pái běi biān pǎo
八 百 标 兵 奔 北 坡，炮 兵 并 排 北 边 跑。

pào bīng pà bǎ biāo bīng pèng, biāo bīng pà pèng pào bīng pào
炮 兵 怕 把 标 兵 碰，标 兵 怕 碰 炮 兵 炮。

bā lǎo ye bā jiāo shù
巴 老 爷 芭 蕉 树 （b）

bā lǎo ye yǒu bā shí bā kē bā jiāo shù
巴 老 爷 有 八 十 八 棵 芭 蕉 树，

lái le bā shí bā gè bǎ shi yào zài
来 了 八 十 八 个 把 式 要 在

bā lǎo ye bā shí bā kē bā jiāo shù xià zhù
巴 老 爷 八 十 八 棵 芭 蕉 树 下 住。

bā lǎo ye bá le bā shí bā kē bā jiāo shù
巴 老 爷 拔 了 八 十 八 棵 芭 蕉 树，

bú ràng bā shí bā gè bǎ shi zài bā shí bā
不 让 八 十 八 个 把 式 在 八 十 八

kē bā jiāo shù xià zhù
棵 芭 蕉 树 下 住。

bā shí bā gè bǎ shi shāo le bā shí bā kē bā jiāo shù
八 十 八 个 把 式 烧 了 八 十 八 棵 芭 蕉 树，

bā lǎo ye zài bā shí bā kē shù biān kū
巴 老 爷 在 八 十 八 棵 树 边 哭。

一①平盆面 （b、p）

一平盆面，烙一平盆饼。

饼碰盆，盆碰饼。

买饽饽 （b、p、m）

白伯伯，彭伯伯，

饽饽铺里买饽饽。

白伯伯买的饽饽大，

彭伯伯买的大饽饽。

拿到家里喂婆婆，

婆婆又去比饽饽。

不知白伯伯买的饽饽大，

还是彭伯伯买的饽饽大？

一座棚 （b、p、f）

一座棚傍峭壁旁，

---

① 本书"一""不"的声调标变调。

fēng biān pēn xiè pù bù cháng
峰 边 喷 泻 瀑 布 长 。

bú pà bào yǔ piáo pō bīng báo luò
不 怕 暴 雨 瓢 泼 冰 雹 落,

bú pà hán fēng pū miàn xuě piāo yáng
不 怕 寒 风 扑 面 雪 飘 扬,

bìng pái fēn bān fān shān pān pō bǎ bǎo zhǎo
并 排 分 班 翻 山 攀 坡 把 宝 找,

jù bǎo pén lǐ sōng bǎi piāo xiāng bǎi bǎo cáng
聚 宝 盆 里 松 柏 飘 香 百 宝 藏 。

bēi bǎo bēn pǎo bào kuàng pào pī huǒ
背 宝 奔 跑 报 矿 炮 劈 火,

piān piān jié bào fēi bàn jīn fèng huáng
篇 篇 捷 报 飞 伴 金 凤 凰 。

(2)唇齿音练习

huà fèng huáng
画 凤 凰 (f)

fěn hóng qiáng shàng huà fèng huáng
粉 红 墙 上 画 凤 凰,

fèng huáng huà zài fěn hóng qiáng
凤 凰 画 在 粉 红 墙 。

hóng fèng huáng fěn fèng huáng
红 凤 凰 、粉 凤 凰,

hóng fěn fèng huáng huā fèng huáng
红 粉 凤 凰 、花 凤 凰 。

(3)舌尖中音练习

bái shí tǎ
白 石 塔 (b、d、t)

bái shí tǎ bái shí dā
白 石 塔,白 石 搭 。

bái shí dā bái tǎ bái tǎ bái shí dā
白 石 搭 白 塔,白 塔 白 石 搭 。

dā hǎo bái shí tǎ, bái tǎ bái yòu dà
搭好白石塔,白塔白又大。

打特盗 （d、t）

diào dào dí dǎo dǎ tè dào, tè dào tài diāo tóu duǎn dāo,
调到敌岛打特盗,特盗太刁投短刀,

dǎng tuī dǐng dǎ duǎn dāo diào, tà dào dé dāo dào dǎ dǎo
挡推顶打短刀掉,踏盗得刀盗打倒。

颠倒歌 （d、t、l）

tài yáng cóng xī wǎng dōng luò,
太阳从西往东落,

tīng wǒ chàng gè diān dǎo gē。
听我唱个颠倒歌。

tiān shàng dǎ léi méi yǒu xiǎng,
天上打雷没有响,

dì xià shí tou gǔn shàng pō;
地下石头滚上坡;

jiāng lǐ luò tuo huì xià dàn,
江里骆驼会下蛋,

shān lǐ lǐ yú dā chéng wō;
山里鲤鱼搭成窝;

là yuè kǔ rè zhí liú hàn,
腊月苦热直流汗,

liù yuè bào lěng dǎ duō suo;
六月暴冷打哆嗦;

jiě zài fáng zhōng tóu shū shǒu,
姐在房中头梳手,

mén wài kǒu dai bǎ lǘ tuó。
门外口袋把驴驮。

nán lǚ kè nǚ lǚ kè
男旅客女旅客 （n、l）

nán lǚ kè chuān zhe lán shàng zhuāng
男旅客穿着蓝上装，

nǚ lǚ kè chuān zhe ní dà yī
女旅客穿着呢大衣。

nán lǚ kè fú zhe līn lán zi de lǎo dà niáng
男旅客扶着拎篮子的老大娘，

nǚ lǚ kè chān zhe ná lóng zi de xiǎo nán háir
女旅客搀着拿笼子的小男孩儿。

（4）舌根音练习

gē kuà guā kuāng guò kuān gōu
哥挎瓜筐过宽沟 （g、k）

gē kuà guā kuāng guò kuān gōu, gǎn kuài guò gōu kàn guài gǒu
哥挎瓜筐过宽沟，赶快过沟看怪狗。

guāng kàn guài gǒu guā kuāng kòu, guā gǔn kuāng kōng gē guài gǒu
光看怪狗瓜筐扣，瓜滚筐空哥怪狗。

huá hua hé hóng hong
华华和红红 （h）

huá hua yǒu liǎng duǒ huáng huā
华华有两朵黄花，

hóng hong yǒu liǎng duǒ hóng huā
红红有两朵红花。

huá hua yào hóng huā hóng hong yào huáng huā
华华要红花，红红要黄花。

huá hua sòng gěi hóng hong yì duǒ huáng huā
华华送给红红一朵黄花，

hóng hong sòng gěi huá hua yì duǒ hóng huā
红红送给华华一朵红花。

(5) 舌面音练习

qī jiā yī
七加一 (j、q)

qī jiā yī， qī jiǎn yī，jiā wán jiǎn wán děng yú jǐ
七加一，七减一，加完减完等于几？

qī jiā yī， qī jiǎn yī，jiā wán jiǎn wán hái shi qī
七加一，七减一，加完减完还是七。

qī jiàng hé xī jiàng
漆匠和锡匠 (j、q、x)

qī xiàng yí gè qī jiàng， xī xiàng yí gè xī jiàng
七巷一个漆匠，西巷一个锡匠。

qī xiàng qī jiàng tōu le xī xiàng xī jiàng de xī
七巷漆匠偷了西巷锡匠的锡，

xī xiàng xī jiàng ná le qī xiàng qī jiàng de qī
西巷锡匠拿了七巷漆匠的漆。

qī xiàng qī jiàng qì xī xiàng xī jiàng tōu le qī
七巷漆匠气西巷锡匠偷了漆，

xī xiàng xī jiàng jī qī xiàng qī jiàng ná le xī
西巷锡匠讥七巷漆匠拿了锡。

qǐng wèn xī jiàng hé qī jiàng
请问锡匠和漆匠，

shéi ná shéi de xī
谁拿谁的锡？

shéi tōu shéi de qī
谁偷谁的漆？

(6) 舌尖后音练习

zhī dào bù zhī dào
知道不知道 (zh、sh)

rèn shi cóng shí jiàn shǐ
认识从实践始，

shí jiàn chū zhēn zhī
实践出真知。

zhī dào jiù shì zhī dào
知道就是知道，

bù zhī dào jiù shì bù zhī dào
不知道就是不知道。

bú yào zhī dào shuō bù zhī dào
不要知道说不知道，

yě bú yào bù zhī dào zhuāng zhī dào
也不要不知道装知道。

lǎo lǎo shí shí　shí shì qiú shì
老老实实，实事求是，

yí dìng yào zuò dào bù zhé bú kòu de zhēn zhī dào
一定要做到不折不扣的真知道。

xué shí shì
学时事　（zh、ch、sh）

shǐ lǎo shī　jiǎng shí shì
史老师，讲时事，

cháng xué shí shì zhǎng zhī shi
常学时事长知识。

shí shì xué xí kàn bào zhǐ
时事学习看报纸，

bào zhǐ dēng de shì shí shì
报纸登的是时事，

xīn lǐ zhuāng zhe tiān xià shì
心里装着天下事。

zhū shū chú zhú sǔn
朱叔锄竹笋　（zh、ch）

zhū jiā yì zhū zhú　zhú sǔn chū zhǎng chū
朱家一株竹，竹笋初长出，

zhū shū chù chù chú　chú chū sǔn lái zhǔ
朱叔处处锄，锄出笋来煮。

chú wán bú zài chū　zhū shū méi sǔn zhǔ
锄 完 不 再 出， 朱 叔 没 笋 煮，

zhú zhū yòu gān kū
竹 株 又 干 枯。

(7) 舌尖前音练习

zuò zǎo cāo
做 早 操 （z、c）

zǎo chén zǎo zǎo qǐ　zǎo qǐ zuò zǎo cāo
早 晨 早 早 起， 早 起 做 早 操。

rén rén zuò zǎo cāo　zuò cāo shēn tǐ hǎo
人 人 做 早 操， 做 操 身 体 好。

shī zì zhǐ
湿 字 纸 （z-zh、s-sh）

gāng wǎng chuāng shàng hú zì zhǐ
刚 往 窗 上 糊 字 纸，

nǐ jiù gé zhe chuāng hu sī zì zhǐ
你 就 隔 着 窗 户 撕 字 纸。

yí cì sī xià héng zì zhǐ
一 次 撕 下 横 字 纸，

yí cì sī xià shù zì zhǐ
一 次 撕 下 竖 字 纸，

héng shù liǎng cì sī le sì shí sì zhāng shī zì zhǐ
横 竖 两 次 撕 了 四 十 四 张 湿 字 纸。

shì zì zhǐ nǐ jiù sī zì zhǐ
是 字 纸 你 就 撕 字 纸，

bú shì zì zhǐ
不 是 字 纸，

nǐ jiù bú yào hú luàn de sī yí dì zhǐ
你 就 不 要 胡 乱 地 撕 一 地 纸。

shí shī zi, sè shì zi
石狮子,涩柿子 (s-sh)

shān qián yǒu sì shí sì kē sǐ sè shì zi shù
山前有四十四棵死涩柿子树,

shān hòu yǒu sì shí sì zhī shí shī zi
山后有四十四只石狮子。

shān qián de sì shí sì kē sǐ sè shì zi shù
山前的四十四棵死涩柿子树,

sè sǐ le shān hòu de sì shí sì zhī shí shī zi
涩死了山后的四十四只石狮子;

shān hòu de sì shí sì zhī shí shī zi
山后的四十四只石狮子,

yǎo sǐ le shān qián de sì shí sì kē sǐ sè shì zi shù
咬死了山前的四十四棵死涩柿子树。

bù zhī shì shān qián de sì shí sì kē sǐ sè shì zi shù
不知是山前的四十四棵死涩柿子树,

sè sǐ le shān hòu de sì shí sì zhī shí shī zi
涩死了山后的四十四只石狮子,

hái shi shān hòu de sì shí sì zhī shí shī zi
还是山后的四十四只石狮子,

yǎo sǐ le shān qián de sì shí sì kē sǐ sè shì zi shù
咬死了山前的四十四棵死涩柿子树。

zǐ cí sī
子词丝 (z、c、s)

sì shí sì gè zì hé cí
四十四个字和词,

zǔ chéng le yì shǒu zǐ cí sī de rào kǒu cí
组成了一首子词丝的绕口词。

táo zi、lǐ zi、lí zi、lì zi、jú zi、shì zi、bīn zi、zhēn zi
桃子、李子、梨子、栗子、橘子、柿子、槟子、榛子,

zāi mǎn yuàn zi、cūn zi hé zhài zi
栽满院子、村子和寨子。

刀子、斧子、锯子、凿子、锤子、刨子、尺子做出桌子、椅子和箱子。

名词、动词、数词、量词、代词、副词、助词、连词造成语词、诗词和唱词。

蚕丝、生丝、热丝、缫丝、染丝、晒丝、纺丝、织丝自制粗丝、细丝、人造丝。

巡逻之歌（j、q、x、z、c、s）

歌逐晨雾飞，

蹄下露珠碎。

北疆铁骑去巡逻——满身披朝晖。

心潮起伏似海涌，

战斗激情如江水，

凝视茫茫大草原，

胸怀世界为人类。

疾雨洗军衣，

惊雷壮军威。

chūn xià qiū dōng rú yí rì　　zhòu yè qín xún huí
春 夏 秋 冬 如 一 日 —— 昼 夜 勤 巡 回。

cháng zhēng huǒ zhǒng bō xīn tián
长 征 火 种 播 心 田,

zhōng nán dēng guāng zhào biān chuí
中 南 灯 光 照 边 陲。

yáng guāng yǔ lù yǒu xīn yíng
阳 光 雨 露 有 新 营,

chuí liàn hóng sè xīn yí bèi
锤 炼 红 色 新 一 辈。

jīn guāng sǎ mǎn dào
金 光 洒 满 道,

jǐn xiù pū sài běi
锦 绣 铺 塞 北,

shèng lì kǎi gē yì qǔ qǔ
胜 利 凯 歌 一 曲 曲,

shēng shēng yòu rén zuì
声 声 诱 人 醉。

jiǎo jiàn zhàn mǎ jí biān cuī
矫 健 战 马 急 鞭 催,

gāng tiě cháng chéng zhù xīn nèi
钢 铁 长 城 筑 心 内。

2. 古诗词

dēng guàn què lóu　　táng　wáng zhī huàn
登 鹳 雀 楼 〔唐〕王 之 涣

bái rì yī shān jìn　huáng hé rù hǎi liú
白 日 依 山 尽,黄 河 入 海 流。

yù qióng qiān lǐ mù　gèng shàng yì céng lóu
欲 穷 千 里 目,更 上 一 层 楼。

chūn xiǎo　　táng　mèng hào rán
春 晓 〔唐〕孟 浩 然

chūn mián bù jué xiǎo　chù chù wén tí niǎo
春 眠 不 觉 晓,处 处 闻 啼 鸟。

夜来风雨声,花落知多少。

鹿柴 〔唐〕王维

空山不见人,但闻人语响。
返景入深林,复照青苔上。

子夜秋歌 无名氏

秋风入窗里,罗帐起飘扬。
仰头看明月,寄情千里光。

易水送别 〔唐〕骆宾王

此地别燕丹,壮士发冲冠。
昔时人已没,今日水犹寒。

宿建德江 〔唐〕孟浩然

移舟泊烟渚,日暮客愁新。
野旷天低树,江清月近人。

七步诗 〔魏晋〕曹植

煮豆燃豆萁,豆在釜中泣。
本是同根生,相煎何太急?

早发白帝城 〔唐〕李白

朝辞白帝彩云间,千里江陵一日还。
两岸猿声啼不住,轻舟已过万重山。

江南逢李龟年 〔唐〕杜甫

岐王宅里寻常见,崔九堂前几度闻。
正是江南好风景,落花时节又逢君。

忆江南 〔唐〕白居易

江南好,风景旧曾谙。
日出江花红胜火,春来江水绿如蓝。
能不忆江南?

渔歌子　〔唐〕张志和

西塞山前白鹭飞,桃花流水鳜鱼肥。
青箬笠,绿蓑衣,斜风细雨不须归。

乌衣巷　〔唐〕刘禹锡

朱雀桥边野草花,乌衣巷口夕阳斜。
旧时王谢堂前燕,飞入寻常百姓家。

滁州西涧　〔唐〕韦应物

独怜幽草涧边生,上有黄鹂深树鸣。
春潮带雨晚来急,野渡无人舟自横。

江南春　〔唐〕杜牧

千里莺啼绿映红,水村山郭酒旗风。
南朝四百八十寺,多少楼台烟雨中。

春日　〔宋〕朱熹

胜日寻芳泗水滨,无边光景一时新。
等闲识得东风面,万紫千红总是春。

3. 句段

天鹅湖，在九寨沟右侧的最上端。四面耸立的山峰，把一池湖水轻轻地呵护着，裸露在旷野。每到候鸟北去或南飞的季节，总是喜欢在这里作短暂的停留，养精蓄锐，然后展翅远行。

(节选自佚名《九寨——童话世界》)

九寨沟，因为有了瀑布而雄浑，横跨三百多米、垂落二十四米的诺日朗瀑布，展现给人们大气磅礴、雄浑遒劲的辉煌气势，这是九寨沟最大的高山钙化瀑布。横落的水像千串雨帘、万颗珍珠，掉入深潭，掷地有声，轰然鸣响。

(节选自佚名《九寨——童话世界》)

威尼斯朋友用面条、肉饺招待我们，据说当初是马可·波罗从中国带来的，现在几乎成了意大利人每餐必备的食品。

(节选自马信德《蓝蓝威尼斯》)

已经隐匿在夜色中的古镇,在七彩的焰火照耀下面目一新,瞬息万变。原本墨一般漆黑的屋脊,此时如同被彩霞拂照的群山,凝重的墨线变成了活泼流动的彩光。

（节选自赵丽宏《周庄水韵》）

第二十九届奥林匹克运动会昨晚在中国的首都北京开幕。预计全球超过四十亿人,都会将目光投向这座有着逾三千年建城史的古都、这座快速国际化的年轻的大都市。

（节选自新闻节目）

为了迎接鼠年的到来,市福利彩票发行中心首次联合上海市美术家协会,由本市的著名漫画家精心创作了一系列清新可爱、生动丰富的老鼠形象,从中选取一部分,特别推出今年的漫画生肖套票。

（节选自新闻节目）

我国自主研制的全球第一颗连接高端视频传感器芯片的数字图像桥片"星光青桥三号",今天在青岛发布。将摄像头传感器与中央处理器连接起来的桥片能够协助还原真实场景,在交通卡口、电子警察和公共安全等领域有着广泛应用。

(节选自新闻节目)

第十届上海市慈善慢跑将于十二月九号上午九点在上海世纪公园开跑。据了解,本次慈善慢跑活动的主旨是为攻克癌症而跑,为筹集癌症研究基金而跑,为人类的健康与希望而跑。

(节选自新闻节目)

昨天,北京师范大学迎来了首任驻校作家贾平凹,一场关于他的创作回顾研讨会也同时举行。在入校仪式上,贾平凹说自己很珍惜这次驻校机会,会多学习、多交流,他更幽默地表示要"多吸收北师大的锐气,也想沾些莫言的才气。"

（节选自新闻节目）

中国人自古以来就讲究吃,逢年过节更不用说,除了"初一的饺子,初二的面,初三的合子团团转"等讲究外,更多的人还要吃出地道口感、情趣情调来,甚至许多人吃的是文化风俗。

（节选自新闻节目）

第二单元　普通话韵母训练

韵母是音节中声母后面的部分,普通话里一共有 39 个韵母。其中单韵母 10 个,复韵母 13 个,鼻韵母 16 个。有的韵母由韵头、韵腹和韵尾三部分组成。韵头通常由 i、u、ü 来担任;韵腹是韵母的主要角色,分别由 10 个单元音担任;韵尾由 i、u(o)和两个鼻辅音 n、ng 担任。如果按韵母开头元音的发音特点来分,可以分为开口呼、齐齿呼、合口呼、撮口呼四类。

单元音韵母 10 个,分别是:a、o、e、ê、i、u、ü、-i(舌尖前元音韵母)、-i(舌尖后元音韵母)、er(卷舌韵母)。

复合元音韵母 13 个:

ai、ei、ao、ou(二合前响复韵母),

ia、ie、ua、uo、üe(二合后响复韵母),

iao、iou、uai、uei(三合中响复韵母)。

复合鼻尾音韵母 16 个:

an、en、ian、in、uan、uen、üan、ün(8 个前鼻音韵母),

ang、eng、iang、uang、ing、ueng、ong、iong(8 个后鼻音韵母)。

3.韵母示范·
单韵母训练
王　璐

一、单韵母训练

a

训练提示

☞a 是央低不圆唇元音。发音时,软腭上升,关闭鼻腔,音波从口腔出。前舌面下降,舌中部微隆起,舌位低,口腔开度大。

☞发音时,注意口腔打开,气流通畅,下巴松弛,避免舌位偏前或靠后。

发 a 音时,口大开,舌位要准确。舌位就是在发音时舌面隆起的最高的一点。它可以在前,可以在后,也可以在中央;可以上升,也可以下降。元音 a 独自作为音节,或用作单韵母,或与介音 i、u 构成复韵母 ia、ua 时,舌位在口腔当中最低处。

如果把 a 的舌位向前移一点,如图 2-1 中②,或向后移一点,如图 2-1 中③,也发出 a 音,但是声音稍有不同,可以把它们称为"前 a""后 a"。复合音"ai""an"等韵中的 a 就是"前 a",ao、ang 等韵中的 a 就是"后 a"。这两个 a 音不必单独练习,只要在学习包含这两个 a 的"复韵母"和"鼻韵母"时联系起来观察体会就行。

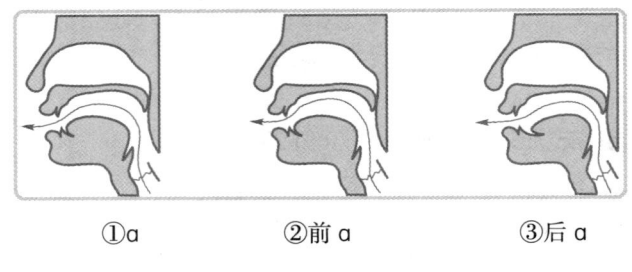

①a　　　　②前 a　　　　③后 a

图 2-1　a 发音示意图

单音节:**阿 巴 怕 妈** 发 搭 他 拉 **嘎 喀 哈 扎 叉 沙**
双音节:**发达 打靶 喇叭** 砝码 打卡 哈达 **爸爸 妈妈 拉萨 沙发**
四音节:**八面玲珑**　跋山涉水　**茶余饭后**　大有作为　大智若愚　煞有介事　飒爽英姿　马不停蹄

o

训练提示

☞o 是后半高圆唇元音。发 o 音时,口腔比发 a 时略窄,口腔半闭,舌头后缩,舌根抬起,舌高点偏后,舌面两边微卷,舌中部凹进。

☞ 注意两唇要收敛，嘴角略撮一些，但唇不要向前噘，上下唇的距离有一食指宽就行了。
☞ 在东北、西北方言中，o 这个元音独立作为韵母时，往往由 e 来替代，如波 bō、破 pò、莫 mò 读成 bē、pè 和 mè。

单音节：泼 播 摸 佛 坡 破 勃 叵 摩 婆 迫 膜 墨
双音节：薄膜 磨破 伯伯 婆婆 默默 菠萝 薄弱 破获 萝卜 泼墨
四音节：莫名其妙 莫逆之交 默默无闻 模棱两可
博学多才 博古通今 迫在眉睫 破涕为笑
破釜沉舟 迫不及待 博闻强识 波澜壮阔

e

训练提示

☞ e 是后半高不圆唇元音。发音时，在发 o 的基础上，嘴角展开就是 e 了，e 和 o 的区别就是不圆唇和圆唇。
☞ 发 e 时，面部保持微笑状态，露出上下齿，上下齿之间稍有些距离。保持这样的状态发出的 e 音较为圆润、明亮。

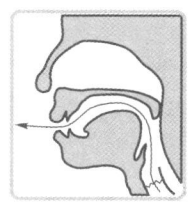
①o 圆唇 e 不圆唇

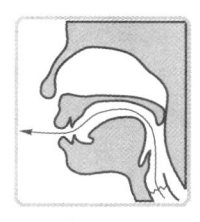
②中央 e

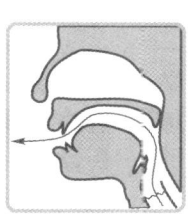
③ê

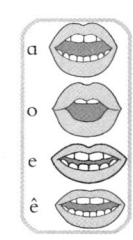

图 2-2　元音 o、e、ê 发音示意图

元音 o、e 舌位都是后半高。舌位相同，唇形不同。o 的唇形是圆唇，e 的唇形是不圆唇。

图 2-2 中②图是舌位在中央的 e，声音和舌位与后 e 差不多，不过发音较自然省力，韵母 en、eng 中的 e 就是中央 e。这个舌位在中央的 e 音不必单独练习，只在学习 en、eng 时联系起来观察体会就行。

单音节：哥 渴 乐 德 车 奢 热 瑟 遮 鹅 喝 策
双音节：特赦 折合 特色 客车 色泽 割舍 合格 苛刻
　　　　隔阂 瑟瑟
四音节：责无旁贷　刻骨铭心　得心应手　歌舞升平
　　　　可歌可泣　克己奉公　和盘托出　和颜悦色
　　　　何乐不为　各行其是　隔岸观火　何去何从

ê

训练提示

☞ 元音 ê 在北京语音里，永远与 i、ü 结合成复韵母，一般不单独使用，不直接与声母相拼。
☞ 发音时，它的舌位是前半低。如果念不好这个韵母，可以连着 i 念 ie，连着 ü 念 üe。
☞ ê 是不圆唇元音。

单音节：节 切 撇 别 雪 缺 接 绝 靴 些 怯 雀
双音节：谢谢 借阅 确切 雪夜 雀跃 约略 学界 协约
　　　　决绝 略写
四音节：锲而不舍　邪不压正　绝处逢生　确有其事
　　　　跃马扬鞭　戒骄戒躁　血气方刚　切肤之痛

i

> **训练提示**
>
> ☞ i 是前高不圆唇元音,是普通话中舌位最前最高的元音。
> ☞ 发音时,口腔开度较小,舌尖在下齿背,舌中部隆起,前舌面上升接近硬腭,舌高点偏前,气流通路狭窄,但不应使气流产生摩擦,嘴角向两边展开,唇形呈扁平状。
> ☞ 练习时,尽量打开口腔,舌位稍后些,这就是"窄元音宽发"。

单音节:**衣 戏 笔 器 稀 低 泥 比 鼻 批 梯 基 西 力**

双音节:**袭击 离奇 立即 秘密 起义 笔记 地理 机器 激励 霹雳**

四音节:**立竿见影　地大物博　一技之长　急中生智**
　　　　比比皆是　毕恭毕敬　疲于奔命　低声下气
　　　　鸡犬不宁　疾言厉色　岌岌可危　避难就易
　　　　急起直追　济济一堂　既往不咎　一鼓作气

u

> **训练提示**
>
> ☞ u 是后高圆唇元音,是普通话中舌位最后最高的元音。
> ☞ 发音时,口腔开度较小,舌尖离下齿背稍远,舌头后缩,后舌面上升接近软腭,气流通路狭窄,唇向前撮,呈圆形,唇孔比口小,如吹气状,音色较暗。

单音节:**促 出 肚 路 姑 苦 入 哭 书 苏 补 乌 服**

双音节:**突出 互助 图书 出路 读书 糊涂 出租 孤独 补助 粗鲁**

四音节:**不共戴天　不动声色　不亦乐乎　不速之客**
　　　　不在话下　不耻下问　不分皂白　不伦不类
　　　　不谋而合　不平则鸣　不劳而获　出口成章

出类拔萃	出奇制胜	触景生情	触目惊心
孤芳自赏	顾此失彼	古今中外	古色古香
故步自封	顾全大局	入情入理	入木三分
如鱼得水	如箭在弦	如梦初醒	如愿以偿

ü

训练提示

- ü 是前高圆唇元音。发音时，口腔开度较小，唇圆成扁平形小孔，双唇聚拢，两嘴角撮起，唇形没有 u 圆，舌高点比 i 略后。
- ü 和 i 的发音情况基本相同，区别是唇形的圆扁，但 ü 没有 i 那么明亮。

元音 i、ü 的舌位都是前高。i 是不圆唇，ü 是圆唇。如果念不准 ü 可以先念 i，再将声音拖长，嘴角逐渐收起，唇形成为圆形，这就变成 ü 了。

元音 u 的舌位是后高，唇形是圆唇。u、ü 虽然都是圆唇音，但嘴角用力的方向不一样：发 u 时，嘴角收敛；发 ü 时，嘴角向两边用力。练习 i、u、ü 三个元音的发音，要好好比较唇形（图 2-3）。

i、u、ü 都能单独做韵母，也能做音节中的"介音"（或"韵头"），与其他元音结合成复韵母，如 ia、uan、üe 等。i、u 还能做韵尾，如 ei、ou 等。

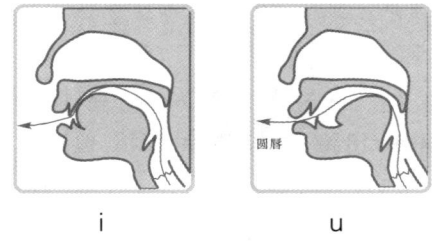
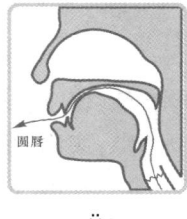

图 2-3　元音 i、u、ü 发音示意图

单音节：菊 女 吕 虚 屈 居 迂 取 举 句 曲
双音节：区域 聚集 序曲 语句 聚居 曲剧 豫剧
四音节：举目无亲 举棋不定 举世无双 举一反三
　　　　局促不安 举足轻重 据理力争 据为己有
　　　　聚精会神 聚沙成塔 屈指可数 取长补短
　　　　取而代之 取之不尽 曲尽其妙 旭日东升
　　　　嘘寒问暖 与众不同 与世无争 与人为善
　　　　语重心长

er

训练提示

☞ er 是舌尖中不圆唇卷舌元音。发音时，口腔在半开半闭之间，舌尖卷起，对着硬腭。这个元音只能自成音节。

☞ 实际读音有 ar 和 er 之分，当读序数词"二"时为 ar，其他字音则是 er。

er 是一个特别的元音，叫"卷舌元音"。发音时，舌位与中央 e 一样，见图 2-2 中②，但舌尖要对着硬腭轻巧地向上一卷（图 2-4）。如果对镜练习，自己应该看得见舌前部的底面；如果看不见，就是舌尖没有卷起，这个音没发好。这个元音只能自成音节，不和声母相拼。

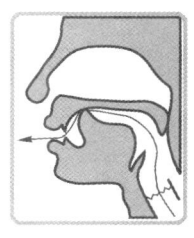

◀图 2-4　er 发音示意图

单音节：儿 耳 二 尔 而 洱
双音节：儿女 而且 耳朵 儿戏 耳语
　　　　二十 二胡 儿童 尔后 洱海
四音节：耳目一新 耳濡目染 耳听八方 出尔反尔
　　　　耳闻目睹 尔虞我诈 接二连三 耳熟能详
　　　　取而代之

-i（前）

> **训练提示**
>
> ☞ 舌尖前不圆唇元音，发音时，舌尖轻抵下齿背，舌面前部对着上齿龈，但不要靠得太近，也不要发生摩擦。比发 i 时舌位低一点，靠后一点，口腔也要开一些（图 2-5）。
>
> ☞ 在普通话里只能和 z、c、s 相拼，不能自成音节。

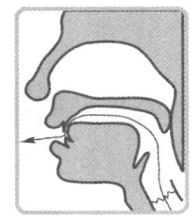

图 2-5　-i（前）发音示意图

单音节：资　词　思　紫　此
双音节：私自　四次　子嗣　次子　此次
四音节：孜孜不倦　慈眉善目　丝丝入扣
　　　　自以为是　恣意妄为　词不达意
　　　　四平八稳　似是而非

-i（后）

> **训练提示**
>
> ☞ 舌尖后不圆唇元音，发音时，舌尖翘起对着硬腭前部，舌头后缩，使气流受到节制，不致发生摩擦（图 2-6）。
>
> ☞ 这个单韵母只和 zh、ch、sh、r 相拼，不能自成音节。

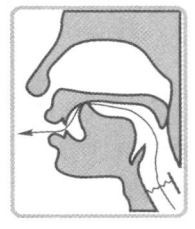

图 2-6　-i（后）发音示意图

单音节：只　吃　日　实　知　事
双音节：支持　日食　食指　市尺　智齿
四音节：实事求是　视而不见　赤子之心
　　　　执迷不悟　痴人说梦　时不我待
　　　　指鹿为马　知书达理

二、复韵母训练

从图 2-7 音素舌位综合示意图可以看出辅音、元音位置的相互关系。上面的曲线是上唇、上齿、硬腭、软腭,表示所有辅音发音部位上部的各点。四边形表示元音的"舌位"。

这幅图可以看出复合音(复韵母、鼻韵母)的构成关系,还有前 a、后 a、中央 e 等的使用。

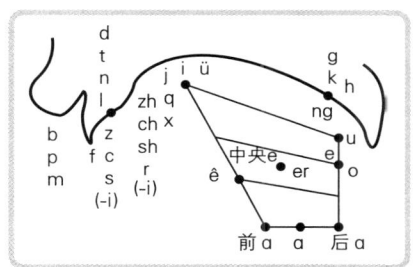

图 2-7 音素舌位综合示意图

1. 二合韵母

ai

训练提示

☞ 前响复韵母。发音时,a 处于略前而高的位置,口腔开度略小。i 也只是表示舌头移动的方向,实际发不到 i 的位置。
☞ a 音发得较为清晰响亮,i 音发得较轻较短较弱。发音时,打开口腔,避免偏前。

单音节:**白 拍 买 柴 赛 开 来 摘 改 该 海 拆 灾 晒**
双音节:**彩排 开采 买卖 灾害 海带 白菜 晒台 拍卖 拆台 爱戴**

4.复韵母训练
王 璐

四音节：爱莫能助　爱屋及乌　塞翁失马　爱憎分明
　　　　拍手称快　哀鸿遍野　开诚布公　开门见山
　　　　开天辟地　海枯石烂　排山倒海　百发百中

ei

训练提示

☞ 前响复韵母。ei 里的 e 是一个前半高不圆唇元音。舌位比 i 低一点。它与前面提到的单元音 e 并不是同一音位，只是写法相同罢了。

☞ ei 里的 i 舌位比单发的 i 略低，舌高点略偏后。ei 是前响复韵母，前面的音素发得清晰、响亮，后面的音素发得较轻较短较弱。

单音节：杯　梅　黑　内　非　贼　胚　累　飞　贝　媚　给　雷　北
双音节：配备　肥美　蓓蕾　黑煤　妹妹　背煤　北美　北非　贝类
四音节：黑白分明　悲欢离合　飞黄腾达　飞沙走石
　　　　飞扬跋扈　费尽心机　废寝忘食　杯弓蛇影
　　　　背道而驰　背井离乡　美不胜收　肥头大耳

ao

训练提示

☞ 前响复韵母。发音时，ao 中的 a 受后高元音 o 的影响，处于比较靠后的位置，舌位也高一点。o 受 a 的影响，舌位比单发 o 音稍低，嘴唇略圆。

☞ 注意"后音前发"。

单音节：包　抛　猫　刀　掏　脑　老　考　绕　高　熬　耗　招　抄
双音节：报告　高潮　逃跑　高考　早操　号召　照抄　劳保
　　　　报到　操劳　牢靠　抛锚

四音节：**劳而无功　老成持重　老生常谈　草木皆兵**
　　　　报仇雪恨　饱食终日　草草了事　老态龙钟
　　　　操之过急　稍胜一筹　少见多怪　少年老成

ou

训练提示

☞ 前响复韵母。ou 里的 o 比单发时舌高点略后且略高，但 o 的唇形没有单发时圆，双唇略撮，舌尖微接下齿背，舌位在 e 稍后处。

☞ o 发得较长较响亮，u 比单发时口腔开度大，但唇形比 u 扁，舌根隆起，发音较短。

单音节：**凑 搜 柔 抽 收 舟 谋 候 沟 扣 偷 楼 兜 否 剖**
双音节：**收购 抖擞 欧洲 漏斗 口头 丑陋 豆蔻 走漏**
四音节：**心口如一　一筹莫展　手舞足蹈　臭名远扬**
　　　　手疾眼快　手忙脚乱　踌躇满志　愁眉不展
　　　　厚古薄今　血口喷人　虚有其表　手无寸铁
　　　　后继无人　首当其冲　守口如瓶　寿终正寝

ia

训练提示

☞ 后响复韵母。发音时，a 受高元音 i 的影响，舌位稍高，口腔开度比单发时稍闭。同样 i 也会受央低元音 a 的影响，舌位稍降，口腔稍开。i、a 相比，i 的发音短暂，极具过渡性。

☞ a 的发音较为响亮，时程也较长。练习时注意"前音后发"。

单音节：**俩 家 恰 瞎 嗲 呀 甲 压 下 牙 峡 哑 虾**
双音节：**假牙 加价 夏家 恰恰 下牙 牙牙**
四音节：**驾轻就熟　嫁祸于人　恰到好处　价廉物美**

家喻户晓　恰如其分　价值连城　狭路相逢
下里巴人　下马看花　虾兵蟹将　假仁假义

ie

训练提示

☞ 后响复韵母。ie 里的 e 是一个前半低不圆唇元音,在拼音方案中记作 ê,一般可以用 e 来替代。发音时,前舌面略向硬腭上升,舌位半低,比 ei 中的 e 略低一点。i 的发音较为短暂,ê 的发音较为响亮。

单音节：爹 铁 列 切 耶 些 贴 聂 茄 洁 别 撇 灭 斜
双音节：贴切　借鞋　结业　谢谢　姐姐　节烈　铁鞋　斜街
　　　　结节　趔趄
四音节：铁面无私　夜长梦多　解放思想　锲而不舍
　　　　喋喋不休　切齿痛恨　别具一格　别开生面
　　　　借题发挥　借花献佛　解甲归田　别出心裁

ua

训练提示

☞ 后响复韵母。发音时,a 的口形比单发时稍圆,口腔稍开。u 的口形稍开,舌位稍降。
☞ u 的发音短暂,a 的发音较为响亮,注意"后音前发"。

单音节：夸 花 抓 蛙 刷 华 瓜 垮 袜 耍 挖 刮
双音节：花袜　耍滑　娃娃　画画
四音节：画龙点睛　抓耳挠腮　花好月圆　画饼充饥
　　　　哗众取宠　夸夸其谈　寡见少闻　瓜田李下

uo

训练提示

☞ 后响复韵母。发音时,uo 里的 o 比单发时口腔稍闭,唇形稍圆。uo 里的 u 比单发时唇形略大,但发得轻短,o 发得响而长。

☞ uo 的发音动程窄,合口后,打开口腔,避免发成单韵母。

单音节:**多 托 罗 郭** 过 妥 垛 窝 阔 所 错 昨 若 说 绰 桌 活

双音节:**着落 活泼 哆嗦** 过错 没落 错过 蹉跎 硕果

四音节:脱颖而出　如火如荼　如获至宝　落井下石
　　　　落落大方　落花流水　络绎不绝　脱口而出
　　　　过河拆桥　过目成诵　胡作非为　缩手缩脚
　　　　多多益善　多快好省　多愁善感　火树银花

üe

训练提示

☞ 后响复韵母。üe 里 e 与 ie 中的 e 属同一元音,在拼音方案中记作 ê。ü 较轻短,ê 响而长。发音时注意 ü 的撮口,打开口腔。

单音节:**决 缺 月 虐** 靴 雪 约 略 珏 薛 岳 阅 学 掠

双音节:**月缺 约略** 雪月 学界 决策 跃进 月亮

四音节:绝无仅有　雪上加霜　绝路逢生　略胜一筹
　　　　略见一斑　确凿不移　学以致用　却之不恭
　　　　学而不厌　雪中送炭　穴居野处　血口喷人
　　　　血流成河　血流如注　血气方刚　血肉横飞
　　　　血肉相连

2. 三合韵母

iao

训练提示

☞ 中响复韵母。发音时,在 ao 的基础上增加了 i(韵头)到 ao 的发音动程。ao 中的 a 舌位稍高且唇形略扁,这是受到了 i 的影响。i 的舌位比发单元音 i 更高,与上颚接近甚至稍有摩擦,故称之为"半元音",而且发得轻短。a 发得响亮,最后趋向 o 的部位。

☞ iao 的发音动程较大,唇形舌位的变化较大。

单音节:飘 秒 小 交 巧 刁 表 妙 跳 敲 笑 叫 标
双音节:巧妙 苗条 逍遥 小鸟 教条 缥缈 脚镣 娇小
　　　　吊桥 疗效 叫嚣
四音节:表里如一　标新立异　雕虫小技　咬文嚼字
　　　　调虎离山　调兵遣将　交头接耳　摇摇欲坠
　　　　焦头烂额　脚踏实地　妖言惑众　挑肥拣瘦
　　　　跳梁小丑　摇旗呐喊

iou

训练提示

☞ 中响复韵母。发音时,舌位由较紧的 i(韵头)向后向低过渡,o 音后舌面向软腭升起,唇形收圆,韵尾 u 表示元音活动的方向。

☞ 对于口腔稍窄的人来说,注意口腔开度,以及尾音 u 的唇形,以保证字音的准确。

☞ 汉语拼音中写作 iu,但发音不能省略 o。

单音节:丢　牛　谬　刘　纠　秀　球　溜　修　优
　　　　秋　舅　柳　扭　朽　久　有

双音节：**绣球　牛油　悠久　舅舅　优秀　求救　妞妞**
四音节：**有声有色　流芳百世　流连忘返　救死扶伤**
　　　　流言蜚语　求全责备　咎由自取　求同存异
　　　　袖手旁观　朽木粪土　有口皆碑　丢卒保车
　　　　有气无力　有始有终　有口难言

uai

训练提示

☞ 中响复韵母。在 ai 的基础上增加了 u（韵头）到 ai 的发音动程，由于受到圆唇的 u 音的影响，ai 里的 a 变得稍圆。

☞ 发音时，u 发得轻短，a 发得响亮，最后趋向　的部位，整个发音过程唇形舌位变化较大。

单音节：**快　拽　揣　乖　槐　衰　怪　歪　甩　拐　坏　踝　块　踹**
双音节：**外快　怀揣　摔坏　乖乖　快拽　外踝**
四音节：**宽大为怀　外强中干　拐弯抹角　快马加鞭**
　　　　脍炙人口

uei

训练提示

☞ 中响复韵母。发音时，ei 的前面加了一段 u 的发音动程，舌位先降后升，前舌面向硬腭上升，不圆唇，韵尾 i 表示元音活动的方向。

☞ 在非零声母音节中，e 并不突出，只是处于由 u 到 i 的过程中，所以在写法上省略 e，写作 ui。

单音节：**愧　规　推　堆　追　吹　悔　水　催　嘴　威　虽　回　退**
双音节：**回归　回味　摧毁　垂危　水位　翠微　溃退　醉鬼**
四音节：**绘声绘色　对答如流　推陈出新　归心似箭**
　　　　追悔莫及　退避三舍　水到渠成　推波助澜

挥汗成雨　微乎其微　回头是岸　回味无穷
威武不屈　危在旦夕

三、鼻韵母训练

1. 前鼻音韵母

an

训练提示

☞ 前鼻音韵母。发音时，an 中的 a 的舌位由于受到前鼻韵尾 n 的影响，a 处于比较靠前的位置，a 为前低不圆唇元音。n 的归音部位比它充当声母时的除阻部位稍后。

☞ 鼻韵母音节在语流中由于受到前后音节协同发音的影响，往往会丢失鼻尾辅音而使主要元音鼻化。在练习阶段，必须归音到鼻辅音上。

5.鼻韵母训练
王　璐

单音节：三 山 兰 干 反 般 满 安 担 坎 占 寒 然 产 餐 咱
双音节：汗衫　展览　散漫　漫谈　淡蓝　感染　反叛　难堪
四音节：安居乐业　暗箭伤人　东山再起　暗送秋波
　　　　半路出家　半信半疑　按兵不动　昙花一现
　　　　三言两语　三位一体　攀龙附凤　磐石之固

en

训练提示

☞ 前鼻音韵母。发音时，e 的舌位比单发时靠前，舌头处于静止的位置，接着舌位升高，舌尖顶住上齿龈，软腭下垂，气流从鼻腔流出，归音到鼻辅音 n 上。

☞ 发音时注意与 eng 这个后鼻音韵母的区别。

单音节：恩 奔 本 喷 盆 门 芬 焚 阵 坟 粉 粪 跟 肯 痕 狠 恨 疹 抻 尘 称 深 神 沈 肾 人 忍 怎

双音节：深沉 认真 根本 愤恨 沉闷 振奋 分神 本人 本分 审慎 人参

四音节：分门别类 耐人寻味 身临其境 门庭若市 分道扬镳 分工合作 分秒必争 纷至沓来 奋不顾身 身不由己 门户之见 身体力行

ian

训练提示

☞ 前鼻音韵母。an 前加了一个轻短的韵头 i。发音时，a 处于比较靠前且比较高的位置。在实际运用中注意舌的往返动程要大，活动范围稍大些。

单音节：烟 沿 眼 颜 研 严 艳 雁 砚 扁 片 便 骗 棉 免 面 点 电 天 日 年 念 联 脸 恋 坚 简 见 牵 鲜 弦 显 贬

双音节：电线 简便 偏见 年限 鲜艳 牵连 减免

四音节：年富力强 坚持不懈 天涯海角 先声夺人 天造地设 颠沛流离 先礼后兵 点石成金 四面楚歌 恋恋不舍 见利忘义 箭在弦上 变幻莫测 鞭长莫及

in

训练提示

☞ 前鼻音韵母。发音时，舌尖抵住下齿背发出 i 音，然后舌尖上举顶住上齿龈，同时软腭下降，气流从鼻腔流出。

☞ 实际运用中，i 的开口度要适当扩大，以增加声音的圆润度。

单音节：音 民 尹 印 滨 拼 贫 品 阴 敏 您 林
淋 临 邻 凛 赁 筋 今 金 津 仅 尽 紧
劲 近 亲 芹 琴 辛 新 薪 心 信

双音节：亲近 拼音 信心 濒临 尽心 金银 亲信
殷勤 贫民 民心 音信 近亲

四音节：饮水思源 引人注目 彬彬有礼 宾至如归
隐姓埋名 引古证今 引人入胜 引经据典
心心相印 心神不定 心血来潮 心猿意马
心照不宣 心直口快 心口如一

uan

训练提示

☞ 前鼻音韵母。an 前加了一个轻短的韵头 u。发音时，a 的舌位比单发时靠前，a 为前低不圆唇元音。u 的口形比单发时稍圆。

单音节：弯 万 完 断 婉 顽 晚 湾 端 短 玩 段
湍 团 暖 滦 乱 关 馆 贯 宽 款 欢 环
缓 焕 唤 砖 转 川 喘 串 钻 酸 算

双音节：贯穿 软缎 乱窜 婉转 转弯 专断
专款 转换 传唤 宦官 欢迎 端正
专长 栓塞 软弱 钻石 团结

四音节：欢天喜地 欢欣鼓舞 缓兵之计 关门大吉
冠冕堂皇 官样文章 宽宏大量 川流不息
穿云裂石 转危为安 万象更新 完璧归赵

uen

训练提示

☞ 前鼻音韵母。先发 u，舌头抬高接近软腭，圆唇，u 发得轻短。紧接着，舌尖前伸抵上齿龈，软腭下降，气流从鼻腔流出。

☞ 语流中注意 u 的圆唇与口腔开度的保持。中间的元音 e 是过渡性的，在非零声母音节中，中间的 e 被省略掉，记成 un。

单音节：温 盾 闻 稳 问 敦 文 吞 屯 轮 棍 捆 昏
　　　　浑 谆 准 唇 蠢 吮 顺 润 村 存 损 孙 笋
双音节：春笋　馄饨　温顺　昆仑　论文　温存　滚滚
四音节：顿开茅塞　魂飞胆裂　浑然一体　混淆视听
　　　　温文尔雅　文过饰非　闻过则喜　滚瓜烂熟
　　　　寸草春晖　寸步不离　寸步难行　稳扎稳打

üan

训练提示

☞ 前鼻音韵母。an 前加了一个轻短的韵头 ü。发音时，a 的舌位比单发时偏高，略在中部。ü 的舌位较高且靠前，唇形较圆。

☞ 实际运用时应注意撮口圆唇。

单音节：员 远 全 捐 宣 圈 渊 元 原 娟 绢 犬 选
　　　　玄 楦 眩 劝
双音节：源泉　圆圈　全权　渊源　全员　车辕　全院
四音节：全力以赴　全神贯注　全心全意　卷土重来
　　　　原封不动　鸡犬不宁　旋乾转坤　喧宾夺主
　　　　轩然大波　南辕北辙　怨天尤人

ün

> **训练提示**
>
> ☞ 前鼻音韵母。发音时,先发圆唇撮口的ü音,但唇形没有单发时那么圆,舌面接近硬腭。紧接着,舌尖前伸抵上齿龈,软腭下垂,气流从鼻腔出,注意舌面不要升得太高,以免因摩擦产生噪声。

单音节：晕 云 韵 匀 群 蕴 允 运 熨 孕 军 君 菌 俊 峻 骏 陨 裙 勋 熏 旬 询 巡 循 寻 训 讯 殉

双音节：军训 均匀 逡巡 循循 云云

四音节：循序渐进 寻根究底 群魔乱舞 群龙无首 运用自如 群策群力 寻事生非 寻死觅活 寻章摘句 循规蹈矩 循名责实 循循善诱 训练有素

2. 后鼻音韵母

ang

> **训练提示**
>
> ☞ 后鼻音韵母。发音时,ang中的a受后鼻韵尾ng的影响,a处于比较靠后的位置,a为后低不圆唇元音。
>
> ☞ a的口腔开度大于单发的a。

单音节：昂 帮 傍 旁 胖 忙 放 乓 邦 蟒 方 妨 防 蚌 当 档 唐 躺 烫 狼 廊 郎 浪 刚 港 康 抗 厂 嗓 舱 脏 让 唱 伤

双音节：长江 厂房 沧桑 帮忙 党章 长方 肮脏 昂扬 烫伤 当场

四音节：不卑不亢 不上不下 畅所欲言 长期共存

长生不老　长歌当哭　胆大妄为　大张旗鼓
当机立断　当务之急　当之无愧　纲举目张
孤掌难鸣

eng

训练提示

☞ 后鼻音韵母。发音时，e 的舌位比单发时偏前且低，然后舌根后缩与软腭接触，此时软腭下垂，气流从鼻腔流出。
☞ 实际运用时，为增加声音响度，应增大口腔开度。

单音节：泵　盟　膨　风　萌　蹦　猛　孟　梦　捧　丰　封　蜂
　　　　冯　凤　奉　灯　疼　能　省　冷　楞　耕　梗　哽　更
　　　　坑　横　挣　拯　郑　成　胜　仍　增　赠　层　僧
双音节：风筝　　猛增　　更生　　逞能　　乘风　　丰盛
　　　　风声　　鹏程
四音节：不成体统　成年累月　不声不响　不胜枚举
　　　　成竹在胸　成败利钝　不可胜数　成人之美
　　　　承上启下　瞠目结舌　乘人之危　称王称霸

ong

训练提示

☞ 后鼻音韵母。发音时，o 的发音与发单韵母 o 不同，它在 u 与 o 之间，口腔开度比 u 的开度稍大，时程较短。然后舌根接触软腭，口腔通路封闭，发出鼻音。
☞ 注意 ong 与 ueng、eng 的区别。ong 只出现在非零声母音节中。

单音节：冬　董　冻　动　通　同　统　痛　浓　弄　龙
　　　　隆　功　公　巩　供　空　孔　控　虹　哄　中
　　　　忠　种　重　崇　宠　宗　总　聪　从　松　送

双音节：**隆冬　洪钟　共同　交通　隆重　通红　溶洞
　　　　淙淙　葱茏　葱葱**
四音节：**洪水猛兽　不动声色　百孔千疮　毕恭毕敬
　　　　不共戴天　博古通今　耸人听闻　不痛不痒
　　　　雕虫小技　动人心弦　公而忘私　功德无量
　　　　供过于求　来龙去脉　烘云托月　弄假成真**

iang

训练提示

☞后鼻音韵母，是 ang 与前面加的轻短的 i 韵头结合而成。发音时，iang 韵母的发音动程较大。
☞ang 受到 i 的影响，a 的唇形稍扁。

单音节：**央　良　阳　讲　养　仰　恙　样　娘　酿　秧
　　　　凉　量　两　辆　谅　羊　杨　蒋　降　匠　腔
　　　　墙　强　抢　香　相　乡　详　响　项　像**
双音节：**想象　两样　向阳　将相　亮相　湘江　强将
　　　　像样　强项　长江**
四音节：**良药苦口　将错就错　将计就计　江河日下
　　　　两全其美　量力而行　量入为出　两败俱伤
　　　　将功折罪　枪林弹雨　强弩之末　强词夺理
　　　　强人所难　相去无几　相提并论　想入非非**

ing

训练提示

☞后鼻音韵母。发音时，舌面接近硬腭先发出 i，然后舌头后缩，舌根与软腭接触，口腔关闭，气流从鼻腔流出。
☞实际运用中注意与 in 的区别。

单音节：**英** 映 迎 影 名 硬 冰 丙 饼 秉 病 应
瓶 营 明 命 丁 顶 定 听 亭 庭 凝 伶
灵 陵 零 岭 另 京 惊 鲸 精 晶 菁 景
颈 井 竟 敬 竞 净 静 青 轻 倾 清 靖
庆 兴 星 腥 行 型 形 邢 醒 幸 杏 姓

双音节：**宁静** **倾听** **晶莹** 明星 英明 叮咛 聆听
明镜 菱形 姓名 精灵

四音节：**惊涛骇浪** **兵荒马乱** **冰清玉洁** 鼎鼎大名
顶天立地 惊天动地 兢兢业业 兵贵神速
并驾齐驱 病入膏肓 大庭广众 道听途说
倒行逆施 精打细算 井底之蛙 另眼相看
令人发指 萍水相逢 评头论足 平分秋色
情至义尽 应有尽有 应接不暇 迎头痛击

uang

训练提示

☞后鼻音韵母，是 ang 与前面加的轻短的 u 韵头结合而成。
☞uang 韵母的发音动程较大，受到 u 的影响，a 的唇形较圆。

单音节：**汪** **王** **往** 妆 广 望 光 旺 诓 狂 况 矿
荒 慌 皇 黄 幌 罔 装 状 创 床 双 爽

双音节：**状况** **狂妄** 双簧 荒野 黄光 往返
往年 忘怀

四音节：**痴心妄想** **盖世无双** **狂风暴雨** 旷日持久
亡羊补牢 既往不咎 光怪陆离 望尘莫及
光可鉴人 光明正大 广开言路 光天化日
姑妄言之 狂风恶浪

ueng

训练提示

☞ 后鼻音韵母。发音时,u 要发得轻短,然后接着发 eng。

☞ 实际运用时,合口音 u 的圆唇可增加字音的准确度和清晰度。注意不要把 u 发成唇齿音。

☞ 在普通话中,ueng 只能出现在零声母音节中,也就是说它不能与任何辅音声母相拼。因此,它与 ong 是互补的。

单音节:**翁 嗡 瓮 蕹**
双音节:**渔翁 老翁 水瓮 嗡嗡**
四音节:**瓮中捉鳖**

iong

训练提示

☞ 后鼻音韵母。发音时,韵头 i 由于受到圆唇 o 的影响,唇形由扁趋圆,接近于 ü。

☞ 与 j、q、x 组成音节时,注意在发音开始时就要撮口,否则影响字音的清晰度。

单音节:**拥 用 兄 庸 踊 迥 窘 琼 凶 胸 蛹 雄 熊 勇**
双音节:**汹涌 熊熊 雄壮 炯炯 穷困 兄长 庸医 迥然 踊跃 永久 永远**
四音节:**庸人自扰 穷则思变 用兵如神 永垂不朽 一穷二白 凶多吉少 汹涌澎湃**

四、难点韵母对比训练

1. i 和 ü 的分辨

训练提示

☞ 这两个音的舌位相同,它们的不同在于唇形。发 i 时,嘴角稍向左右咧开,唇形是扁平的,可见到牙齿。发 ü 时,双唇收拢接近圆形,见不到牙齿。
☞ 播音中,由于语速较快,容易将撮口的 ü 音发成扁唇的 i 音,导致读音的错误。要注意区分口形,勤加练习。

(1) 两字词比较

i、ü	意见—遇见 容易—荣誉
	比翼—比喻 季节—拒绝
	经济—京剧 分期—分区
ie、üe	切实—确实 蝎子—靴子
ian、üan	颜色—原色 潜力—权力
in、ün	印书—运输 通信—通讯

(2) 两字词连用

i、ü	必须 急剧
ü、i	聚集 躯体
ie、üe	解决 夜学
üe、ie	越界 雪夜
ian、üan	边远 田园
üan、ian	劝勉 卷烟
in、ün	进军 音韵
ün、in	军心 寻衅

2. 鼻音韵尾 -n 和 -ng 的分辨

训练提示

☞ 区分这两类韵母的前提是先区分韵尾,它们的不同之处是:发前鼻音 n 时,舌尖顶住上齿龈;发后鼻音 ng 时,舌后部隆起,舌根尽力后缩,顶住软腭。发 n 时,口形较闭;发 ng 时,口形较开。

☞ 在实际运用中,不能只有发音趋向而没有明确的发音位置,否则前后鼻音会混淆不清。

(1) 两字词的比较

an—ang	开饭—开放	天坛—天堂
ian—iang	新鲜—新乡	小县—小巷
uan—uang	官民—光明	车船—车床
en—eng	长针—长征	真理—争理
in—ing	信服—幸福	辛勤—心情
un—ong	乡村—香葱	飞轮—飞龙
un—iong	勋章—胸章	运煤—用煤

(2) 两字词练习

an—ang	班长	盼望
ang—an	长安	抗旱
ian—iang	艳阳	边疆
iang—ian	香烟	抢险
uan—uang	宽广	观光
uang—uan	黄砖	光环
en—eng	真正	神圣
eng—en	诚恳	生根
in—ing	民兵	聘请

ing—in　　　影印　行进
uen—ong　　轮空　蚊虫
ong—uen　　通顺　农村
un—iong　　云涌　驯熊

五、韵母综合训练

1. 绕口令

（1）单韵母训练

a

mā ma kāi lā dá, bà ba sāng tǎ nà, wá wa shì jǐng chá, huì kāi
妈妈开拉达，爸爸桑塔纳，娃娃是警察，会开
yǎ mǎ hā
雅马哈。

6.韵母综合训练
吴洁茹

o

dǎ nán biān zǒu lái gè lǎo pó po, liǎng shǒu tuō zhe liǎ pǒ luo
打南边走来个老婆婆，两手托着俩笸箩，
zuǒ shǒu de pǒ luo lǐ zhuāng zhe bō luó, yòu shǒu de pǒ luo lǐ
左手的笸箩里装着菠萝，右手的笸箩里
zhuāng zhe luó bo。 nǐ shuō shuō shì lǎo pó po zuǒ shǒu tuō zhe de pǒ
装着萝卜。你说说是老婆婆左手托着的笸
luo zhuāng de bō luó duō hái shi yòu shǒu tuō zhe de pǒ luo zhuāng de
箩装的菠萝多还是右手托着的笸箩装的
luó bo duō？ shuō de duì sòng nǐ bō luó hé luó bo, shuō de bú duì
萝卜多？说得对送你菠萝和萝卜，说得不对
ràng nǐ káng zhe pǒ luo shàng shān pō
让你扛着笸箩上山坡。

e

pō shàng lì zhe yì zhī é, pō xià jiù shì yì tiáo hé。 kuān kuān
坡上立着一只鹅，坡下就是一条河。宽宽

de hé féi féi de é　é yào guò hé　hé yào dù é　bù zhī shì é guò
的 河 , 肥 肥 的 鹅 , 鹅 要 过 河 , 河 要 渡 鹅 。 不 知 是 鹅 过

hé　hái shi hé dù é
河 , 还 是 河 渡 鹅 ?

i

　　qī jiā yī　qī jiǎn yī　jiā wán jiǎn wán děng yú jǐ　qī jiā yī ,
　　七 加 一 , 七 减 一 , 加 完 减 完 等 于 几 ? 七 加 一 ,

qī jiǎn yī　jiā wán jiǎn wán hái shi qī
七 减 一 , 加 完 减 完 还 是 七 。

u

　　jiān bēi yì pǐ bù　shǒu tí yì píng cù　zǒu le yì lǐ lù　kàn
　　肩 背 一 匹 布 , 手 提 一 瓶 醋 , 走 了 一 里 路 , 看

jiàn yì zhī tù　xiè xià bù　fàng xià cù　qù zhuō tù　pǎo le tù
见 一 只 兔 。 卸 下 布 , 放 下 醋 , 去 捉 兔 。 跑 了 兔 ,

diū le bù　sǎ le cù
丢 了 布 , 洒 了 醋 。

ü

　　wú hú xú rú yù　chū qù lǚ cì yù dà wù　qū fù sū yú lú ,
　　芜 湖 徐 如 玉 , 出 去 屡 次 遇 大 雾 。 曲 阜 苏 渔 庐 ,

shàng lù wǔ dù yù dà yǔ
上 路 五 度 遇 大 雨 。

er

　　yào shuō ěr　zhuān shuō ěr　mǎ ěr dài fū 、 kā bù ěr 、 ā ěr bā
　　要 说 尔 , 专 说 尔 , 马 尔 代 夫 、 喀 布 尔 、 阿 尔 巴

ní yà 、 zā yī ěr 、 kǎ tǎ ěr 、 ní bó ěr 、 bèi ěr gé lái dé 、 è guā duō
尼 亚 、 扎 伊 尔 、 卡 塔 尔 、 尼 泊 尔 、 贝 尔 格 莱 德 、 厄 瓜 多

ěr 、 ní rì ěr
尔 、 尼 日 尔 。

-i(前)和-i(后)

　　sì shì sì　shí shì shí　shí sì shì shí sì　sì shí shì sì shí 。 yào
　　四 是 四 , 十 是 十 , 十 四 是 十 四 , 四 十 是 四 十 。 要

shì shuō cuò le jiù yào wù dà shì
是 说 错 了，就 要 误 大 事。

（2）复韵母训练

ua、a

qiáng tóu shàng yǒu gè lǎo nán guā diào xià lai dǎ zháo pàng wá
墙 头 上 有 个 老 南 瓜，掉 下 来 打 着 胖 娃
wa   wá wa jiào mā ma mā ma mō wá wa   wá wa mà nán guā
娃。娃 娃 叫 妈 妈，妈 妈 摸 娃 娃，娃 娃 骂 南 瓜。

ao、iao

dōng biān miào lǐ yǒu māo xī biān shù shāo yǒu niǎo māo niǎo
东 边 庙 里 有 猫，西 边 树 梢 有 鸟，猫 鸟
tiān tiān nào bù zhī māo nào shù shāo niǎo hái shi niǎo nào miào
天 天 闹，不 知 猫 闹 树 梢 鸟，还 是 鸟 闹 庙
lǐ māo
里 猫。

ou、iou

chū nán mén zǒu liù bù jiào shēng liù shū hé liù jiù jiè wǒ liù
出 南 门，走 六 步，叫 声 六 叔 和 六 舅，借 我 六
dǒu liù shēng hǎo lǜ dòu guò le qiū dǎ le dòu hái wǒ liù shū liù
斗 六 升 好 绿 豆。过 了 秋，打 了 豆，还 我 六 叔 六
jiù hǎo lǜ dòu
舅 好 绿 豆。

uai、ai

huái shù huái huái shù huái huái shù dǐ xià dā xì tái rén jiā
槐 树 槐，槐 树 槐，槐 树 底 下 搭 戏 台。人 家
de gū niang dōu lái le wǒ jiā de gū niang hái méi ái shuō zhe shuō
的 姑 娘 都 来 了，我 家 的 姑 娘 还 没 来。说 着 说
zhe jiù lái le qí zhe lǘ dǎ zhe sǎn wāi zhe nǎo dài shàng xì tái
着 就 来 了，骑 着 驴，打 着 伞，歪 着 脑 袋 上 戏 台。

ue、ie

打南边来了个瘸子,手里托着个碟子,地下
钉着个橛子,绊倒了拿碟子的瘸子,气得瘸子撒
了碟子,拔了橛子。

(3)鼻韵母的训练

in、ing

同姓不能念成通信,
通信也不能念成同姓。

en、eng

真冷,真正冷,冷冰冰,冰冷冷,
猛地一阵风,更冷!
一平盆面,烙一平盆饼;饼碰盆,盆
碰饼。

en、eng、in、ing

东洞庭,西洞庭,洞庭湖上一根藤,
藤上挂个大铜铃。风起藤动铜铃响,
风停藤定铜铃静。

ian、uan

男演员,女演员,同台演戏说方言。男演员说吴方言,女演员说闽南言。男演员演远东旅行飞行员,女演员演鲁迅文学研究员。研究员,飞行员,吴方言,闽南言,你说男女演员演得全不全。

山前住着阎圆眼,山后住着阎眼圆。二人山前来比眼,也不知阎圆眼比阎眼圆的眼圆,还是阎眼圆比阎圆眼的眼圆。

un

蓝天上是片片白云,草原上是银色的羊群。近处看,这是羊群,那是白云;远处看,分不清哪是白云,哪是羊群。

2. 古诗词(十三辙)

(1)发花辙:a、ia、ua

泊秦淮 〔唐〕杜牧

烟笼寒水月笼沙,夜泊秦淮近酒家。
商女不知亡国恨,隔江犹唱后庭花。

(2)梭波辙：o、e、uo

咏鹅 〔唐〕骆宾王

鹅、鹅、鹅，曲项向天歌。
白毛浮绿水，红掌拨清波。

(3)乜斜辙：iê、üê

忆秦娥·娄山关 毛泽东

西风烈，长空雁叫霜晨月。霜晨月，马蹄声碎，喇叭声咽。雄关漫道真如铁，而今迈步从头越。从头越，苍山如海，残阳如血。

江雪 〔唐〕柳宗元

千山鸟飞绝，万径人踪灭。
孤舟蓑笠翁，独钓寒江雪。

(4)遥条辙：iao、ao

春晓 〔唐〕孟浩然

春眠不觉晓，处处闻啼鸟。
夜来风雨声，花落知多少。

(5) 一七辙：i、ü

江畔独步寻花 〔唐〕杜甫
jiāng pàn dú bù xún huā　　táng　dù fǔ

黄四娘家花满蹊，千朵万朵压枝低。
huáng sì niáng jiā huā mǎn xī qiān duǒ wàn duǒ yā zhī dī

留连戏蝶时时舞，自在娇莺恰恰啼。
liú lián xì dié shí shí wǔ zì zài jiāo yīng qià qià tí

(6) 姑苏辙：u

悯农 〔唐〕李绅
mǐn nóng　　táng　lǐ shēn

锄禾日当午，汗滴禾下土。
chú hé rì dāng wǔ hàn dī hé xià tǔ

谁知盘中餐，粒粒皆辛苦。
shuí zhī pán zhōng cān lì lì jiē xīn kǔ

初春小雨 〔唐〕韩愈
chū chūn xiǎo yǔ　　táng　hán yù

天街小雨润如酥，草色遥看近却无。
tiān jiē xiǎo yǔ rùn rú sū cǎo sè yáo kàn jìn què wú

最是一年春好处，绝胜烟柳满皇都。
zuì shì yì nián chūn hǎo chù jué shèng yān liǔ mǎn huáng dū

(7) 怀来辙：ai、uai

题菊花 〔唐〕黄巢
tí jú huā　　táng　huáng cháo

飒飒西风满院栽，蕊寒香冷蝶难来。
sà sà xī fēng mǎn yuàn zāi ruǐ hán xiāng lěng dié nán lái

他年我若为青帝，报与桃花一处开。
tā nián wǒ ruò wéi qīng dì bào yǔ táo huā yí chù kāi

（8）灰堆辙：ei、uei

凉州词　〔唐〕王翰
liáng zhōu cí　　táng　wáng hàn

葡萄美酒夜光杯，欲饮琵琶马上催。
pú tao měi jiǔ yè guāng bēi, yù yǐn pí pa mǎ shàng cuī

醉卧沙场君莫笑，古来征战几人回。
zuì wò shā chǎng jūn mò xiào, gǔ lái zhēng zhàn jǐ rén huí

（9）油求辙：iou、ou

黄鹤楼送孟浩然之广陵　〔唐〕李白
huáng hè lóu sòng mèng hào rán zhī guǎng líng　táng　lǐ bái

故人西辞黄鹤楼，烟花三月下扬州。
gù rén xī cí huáng hè lóu, yān huā sān yuè xià yáng zhōu

孤帆远影碧空尽，唯见长江天际流。
gū fān yuǎn yǐng bì kōng jìn, wéi jiàn cháng jiāng tiān jì liú

（10）言前辙：an、ian、uan、üan

凉州词　〔唐〕王之涣
liáng zhōu cí　　táng　wáng zhī huàn

黄河远上白云间，一片孤城万仞山。
huáng hé yuǎn shàng bái yún jiān, yí piàn gū chéng wàn rèn shān

羌笛何须怨杨柳，春风不渡玉门关。
qiāng dí hé xū yuàn yáng liǔ, chūn fēng bú dù yù mén guān

（11）人辰辙：en、in、uen、ün

清明　〔唐〕杜牧
qīng míng　　táng　dù mù

清明时节雨纷纷，
qīng míng shí jié yǔ fēn fēn,

路上行人欲断魂。
lù shàng xíng rén yù duàn hún

借问酒家何处有，
jiè wèn jiǔ jiā hé chù yǒu,

mù tóng yáo zhǐ xìng huā cūn
牧童遥指杏花村。

(12) 江阳辙：ang、iang、uang

jìng yè sī　　táng　lǐ bái
静夜思　〔唐〕李白

chuáng qián míng yuè guāng　yí shì dì shàng shuāng
床前明月光,疑是地上霜。

jǔ tóu wàng míng yuè　dī tóu sī gù xiāng
举头望明月,低头思故乡。

(13) 中东辙：eng、ing、ong、iong、ueng

jiāng nán chūn　　táng　dù mù
江南春　〔唐〕杜牧

qiān lǐ yīng tí lǜ yìng hóng
千里莺啼绿映红,

shuǐ cūn shān guō jiǔ qí fēng
水村山郭酒旗风。

nán cháo sì bǎi bā shí sì
南朝四百八十寺,

duō shǎo lóu tái yān yǔ zhōng
多少楼台烟雨中。

3. 句段

zhōu zhuāng zài níng jìng de yè sè zhōng biàn de xiàng shén qí
周庄在宁静的夜色中变得像神奇

de tóng huà gǔ zhèn yōu yuǎn de lì shǐ hé bīn fēn de xiàn shí dōu
的童话,古镇悠远的历史和缤纷的现实,都

dàng yàng zài bèi zhú gāo hé mù lǔ jiǎo dòng de shuǐ bō zhī zhōng
荡漾在被竹篙和木橹搅动的水波之中。

（节选自赵丽宏《周庄水韵》）

登上快艇游海,你能直接体会雨的律动,快艇箭似的飞,那雨被拉成斜斜的线条。远处的岛时隐时现,像是五线谱中的"蝌蚪",雨中涛声里变成了可视的音符。细雨适宜湖泊,骤雨才适合海洋。

(节选自胡绳梁《马来的雨》)

古琴声起,《高山流水》淌进场中。十五位全身玄衣的舞者跃上画卷,如饱蘸的浓墨,如腾挪的笔锋,用独特的肢体语言,时而描摹,时而写意,行云流水,抑扬顿挫。

(节选自新闻节目)

爱能包容大千世界,使千差万别、迥异不同的人和谐地融为一个整体;爱能融化隔膜的坚冰、抹去尊卑的界线,使人们变得亲密无间;爱能化解矛盾芥蒂,消除猜疑、嫉妒和憎恨,使人间变得更加美好。

(节选自郭安凤《多一些宽容》)

本届奥运会开幕式最大的悬念终于揭晓。李宁举着火炬,在钢索牵引下,如太空行走般沿鸟巢边缘奔跑。与此同时,一幅中国式画卷沿"空中跑道"徐徐展开,画卷上依次呈现出奥运圣火在各地传递的动态影像。当画卷完全展开,李宁停在距高高的火炬塔不远处。

(节选自新闻节目)

在上海南京东路逛累了,坐上被称为"当当车"的观光游览车,就能够轻松代步。但是这种"当当车"由于无法刷交通卡,所以常常给没带零钱的人造成不便。不过,据巴士观光游览公司负责人介绍,不久以后,"当当车"的售票员将会配备刷卡机。

(节选自新闻节目)

据英国广播公司网站昨天报道,英

格兰队没能跻身二零零八年欧洲足球锦标赛决赛圈,不仅使英国体育用品制造商的股价大幅下跌,而且将使英国蒙受二十亿英镑的巨额经济损失。

（节选自新闻节目）

第十二届"电影华表奖"颁奖典礼将于八月二十六号在北京展览馆剧场揭幕。此次是"电影华表奖"调整为两年一届后的第一次颁奖礼,将充分反映两年来中国电影产业发展的丰硕成果。电影频道当晚将全程播出颁奖礼盛况。

（节选自新闻节目）

很多人失恋后,常常找不到合适的途径来发泄。德国柏林有一家"破裂关系博物馆",呼吁分手情侣们,把两人恋爱时的物品送到这里,人们可以看到被摔得支离破碎的家具、订婚戒指、情书等,这些东西往往会

ràng rén men xīn shēng gǎn kǎi　jì ér huǎn jiě tòng kǔ
让人们心生感慨,继而缓解痛苦。

（节选自新闻节目）

èr líng líng bā nián bā yuè bā rì　shì jiè kāi shǐ jìn rù běi jīng shí jiān　běi jīng kāi shǐ yòng shì jiè de yǔ yán shū xiě zhōng guó gù shi
二零零八年八月八日,世界开始进入北京时间,北京开始用世界的语言书写中国故事。

yí gè gǔ lǎo mín zú de bǎi nián mèng xiǎng　zài běi jīng de yè kōng shēng téng
一个古老民族的百年梦想,在北京的夜空升腾。

（节选自新闻节目）

 # 第三单元　普通话声调训练

一、声调

　　声调是整个音节的音高变化形式。在普通话里,同一个音节可以念成四种音高形式。声调具有区别意义的作用。[1]

　　声调是由声带振动频率决定的。声调的高低升降就是音高的高低升降。在普通话里,音高分成"低、半低、中、半高、高"五度。阴平是高平调,阳平是中升调,上声是降升调,去声是全降调。

　　每个人嗓音高低的范围是不一样的,最低音到最高音之间的范围叫"音域"。男性与女性的"音域"是不同的。同性别人群中,音域的宽窄有差别。要了解相对音高的意义,在个人有限的音域内做到音调高低升降的有序变化。

二、普通话的调类和调值

　　普通话语音里,声调有四个,阴平是第一声,阳平是第二声,上声是第三声,去声是第四声,统称四声,也就是普通话里的四个调类。可以采用五度标记法,来描写声调的相对音高。四声的调值分别为:55(阴平)、35(阳平)、214(上声)、51(去声)。

　　请看图3-1普通话调值示意图和表3-1普通话调类调值表。

---

[1]　黄伯荣,廖序东.现代汉语:上册[M].增订四版.高等教育出版社,1991:63.

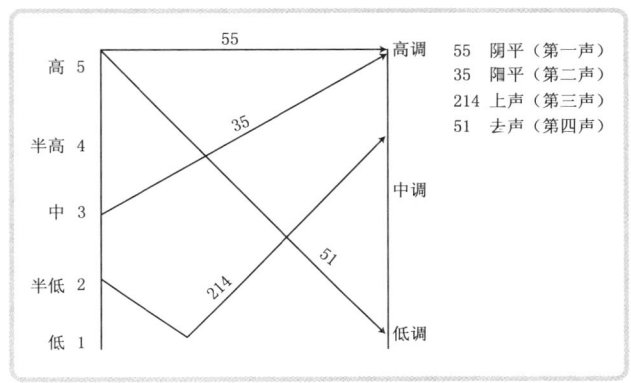

图 3-1　普通话调值示意图

表 3-1　普通话调类调值表

调类	调值	标记符号	例字
阴平	高平调 55	—	妈 mā
阳平	中升调 35	∕	麻 má
上声	降升调 214	∨	马 mǎ
去声	全降调 51	∖	骂 mà

7.声调训练
王　璐

三、声调训练

在做普通话声调训练时,我们要在四声准确的基础上,根据内容有感受地发出每个音节,反复大量练习单音节、双音节、四音节、绕口令、诗、段落等。练习时,注意高音不挤、低音不散,声音由小到大,由弱到强,刚柔结合,控制适度。

1. 同声韵四声音节练习

我们做同声韵四声音节练习时,既要注意声调的变化,也要注意声母、韵母发音的方法。我们要做到四声准确;出字有力,咬住字头,拉开字腹,收住字尾;声音连贯,气息控制自如。

双唇音:	bā 巴	bá 拔	bǎ 把	bà 罢
	pō 坡	pó 婆	pǒ 叵	pò 破
	māo 猫	máo 毛	mǎo 卯	mào 帽
唇齿音:	fāng 方	fáng 房	fǎng 仿	fàng 放
舌尖中音:	dī 低	dí 敌	dǐ 底	dì 弟
	tōng 通	tóng 同	tǒng 统	tòng 痛
	niū 妞	niú 牛	niǔ 扭	niù 拗
	liāo 撩	liáo 聊	liǎo 了	liào 料
舌根音:	gū 姑	gú 骨	gǔ 古	gù 顾
	kē 科	ké 咳	kě 可	kè 刻
	hān 酣	hán 含	hǎn 喊	hàn 汉
舌面音:	jū 居	jú 局	jǔ 举	jù 据
	qīng 青	qíng 情	qǐng 请	qìng 庆
	xiāng 香	xiáng 降	xiǎng 想	xiàng 象
翘舌音:	zhī 知	zhí 职	zhǐ 止	zhì 至
	chēng 称	chéng 成	chěng 逞	chèng 秤
	shēn 申	shén 神	shěn 沈	shèn 甚
	rū △	rú 如	rǔ 乳	rù 入
平舌音:	zuō 作	zuó 昨	zuǒ 左	zuò 做
	cāi 猜	cái 才	cǎi 采	cài 菜
	suī 虽	suí 随	suǐ 髓	suì 岁
开口音:	bāi 掰	bái 白	bǎi 摆	bài 败
	pāo 抛	páo 刨	pǎo 跑	pào 泡
	fēi 飞	féi 肥	fěi 匪	fèi 费
	lōu 喽	lóu 楼	lǒu 篓	lòu 漏
齐齿音:	jiā 家	jiá 夹	jiǎ 甲	jià 架
	qīn 亲	qín 勤	qǐn 寝	qìn 沁
	xiē 些	xié 斜	xiě 写	xiè 谢

	liān △	lián 联	liǎn 脸	liàn 炼
合口音：	chuāng 窗	chuáng 床	chuǎng 闯	chuàng 创
	wā 蛙	wá 娃	wǎ 瓦	wà 袜
	huān 欢	huán 还	huǎn 缓	huàn 幻
	guāi 乖	guái △	guǎi 拐	guài 怪
撮口音：	xuē 薛	xué 学	xuě 雪	xuè 穴
	yūn 晕	yún 云	yǔn 允	yùn 运
	quān 圈	quán 全	quǎn 犬	quàn 劝

2. 两字词声调练习

我们做两字词声调练习时，要注意气息的运用。对于气息的要求是：阴平平稳，气势平均不紧张；阳平用气弱起逐渐强；上声降时气稳扬时强；去声强起到弱气通畅。

（1）阴阴

参加 西安 播音 工兵 拥军 丰收
香蕉 江山 咖啡 班车 单一 发声

（2）阴阳

资源 坚决 鲜明 飘扬 新闻 编排
发言 加强 星球 中国 签名 安全

（3）阴上

批准 发展 班长 听讲 灯塔 生产
艰苦 歌舞 公款 签署 根本 方法

（4）阴去

庄重 播送 音乐 规范 通信 飞快
单位 希望 欢乐 中外 失事 加快

（5）阳阴

国歌 联欢 革新 南方 群居 农村
长江 航空 围巾 营私 原封 图书

(6) 阳阳

直达　滑翔　儿童　团结　人民　模型
联合　驰名　临时　吉祥　灵活　豪华

(7) 阳上

华北　黄海　遥远　泉水　勤恳　民主
情感　描写　难免　迷惘　平坦　旋转

(8) 阳去

豪迈　辽阔　模范　林业　盘踞　局势
革命　同志　局势　雄厚　行政　球赛

(9) 上阴

指标　统一　转播　北京　纺织　整装
掌声　法医　演出　广播　讲师　取消

(10) 上阳

指南　普及　反常　谴责　讲完　朗读
考察　里程　起航　软席　领衔　党员

(11) 上上

古典　北海　领导　鼓掌　广场　展览
友好　导演　首长　总理　感想　理想

(12) 上去

改造　舞剧　主要　访问　考试　想象
土地　广大　写作　典范　选派　讲课

(13) 去阴

下乡　矿工　象征　地方　贵宾　列车
卫星　认真　降低　特征　印刷　气温

(14) 去阳

自然　化学　措辞　特别　电台　会谈
政权　配合　未来　要闻　调查　辨别

(15) 去上

耐久　剧本　跳伞　下雨　运转　外语

办法　信仰　戏曲　电影　历史　探险
(16) 去去
日月　**大厦**　破例　庆贺　宴会　画像
示范　大会　快报　致意　建造　地震

3. 四字词声调练习

四字词声调练习可用于四声正音。读的时候，要控制好气息，放开声音，一口气通畅地发出来。

(1) 按四声顺序排列的四字词练习

中国伟大　山河美丽　天然宝藏　资源满地
阶级友爱　中流砥柱　工农子弟　千锤百炼
身强体健　精神百倍　心明眼亮　光明磊落
山明水秀　花红柳绿　开渠引灌　风调雨顺
阴阳上去　非常好记　高扬转降　区别起落

(2) 按声母顺序排列的四字词练习

b
百炼成钢　波澜壮阔　暴风骤雨　壁垒森严

p
排山倒海　喷薄欲出　鹏程万里　普天同庆

m
满园春色　名不虚传　满腔热情　目不转睛

f
发愤图强　翻江倒海　丰功伟绩　赴汤蹈火

d
大快人心　当机立断　颠扑不破　斗志昂扬

t
谈笑风生　滔滔不绝　天衣无缝　推陈出新

n
鸟语花香　逆水行舟　能者多劳　宁死不屈

l
老当益壮　雷厉风行　力挽狂澜　龙飞凤舞

g
盖世无双　高瞻远瞩　攻无不克　光彩夺目

k
开卷有益　慷慨激昂　克敌制胜　快马加鞭

h
豪言壮语　和风细雨　横扫千军　呼风唤雨

j
艰苦奋斗　锦绣河山　继往开来　举世无双

q
千军万马　气壮山河　晴天霹雳　群威群胆

x
喜笑颜开　响彻云霄　心潮澎湃　栩栩如生

zh
辗转反侧　朝气蓬勃　咫尺天涯　专心致志

ch
超群绝伦　称心如意　赤子之心　出奇制胜

sh
山水相连　舍生忘死　深情厚谊　生龙活虎

r
饶有风趣　人才辈出　日新月异　如火如荼

z
赞不绝口　责无旁贷　再接再厉　自知之明

C

沧海一粟　层出不穷　灿烂光明　从容就义

S

三思而行　所向披靡　四海为家　肃然起敬

4. 四声夸张练习

四声夸张练习特别需要气息的支撑。做练习时,我们要体会气息的运动状态,夸张的"上声"可以让我们明显感受到气息的下沉。四声夸张练习对气息的要求是:阴平,气息平稳;阳平,音调上升时,气息要稳定,口腔要立起,力度要加强,避免高音窄、挤;上声,气息下沉,保持通畅;去声,音调下降时,气要托住,口腔要有控制,避免气息由强到弱。

(1)四声气息控制练习

bā 巴　　bá 拔　　bǎ 把　　bà 罢

dī 低　　dá 答　　dǐ 底　　dà 大

我们可以反复做这个练习,可快吸气后发音,也可慢吸气后发音,做到字音清楚准确。我们还可以逐渐改变声音的高低、强弱、快慢,并调节好气息。

(2)上声夸张练习

ǎ ǐ ǎi ǎo ǔ

好(hǎo)　　美(měi)　　满(mǎn)　　想(xiǎng)

仰(yǎng)　　场(chǎng)　　请(qǐng)　　跑(pǎo)

百(bǎi)炼成钢　　花红柳(liǔ)绿

(3)古诗夸张练习

静夜思　〔唐〕李白

床前明月光,疑是地上霜。

举头望明月,低头思故乡。

秋浦歌　〔唐〕李白

白发三千丈，缘愁似个长。
不知明镜里，何处得秋霜。

鸟鸣涧　〔唐〕王维

人闲桂花落，夜静春山空。
月出惊山鸟，时鸣春涧中。

十一月四日风雨大作　〔宋〕陆游

僵卧孤村不自哀，尚思为国戍轮台。
夜阑卧听风吹雨，铁马冰河入梦来。

竹石　〔清〕郑燮

咬定青山不放松，立根原在破岩中。
千磨万击还坚劲，任尔东西南北风。

(4) 四字词夸张练习

夸张练习，每个音节持续时间较长，但不要字字停顿，声音和气息要连贯，声音形式有强弱、虚实的变化。

阴阳上去	千锤百炼	山明水秀	英明果断	山盟海誓
	高原广阔	风调雨顺	花红柳绿	光明磊落
去上阳阴	逆水行舟	过眼云烟	智勇无双	大好河山
	信以为真	万古流芳	厚古薄今	妙手回春
四声变位	光辉灿烂	旧地重游	气贯长虹	方兴未艾
	荣华富贵	心花怒放	远走高飞	牢不可破
	丰衣足食	欢欣鼓舞	来日方长	包罗万象
	遥相呼应	扬长而去	老当益壮	刀山火海

5. 声调综合练习

做声调综合练习时，我们要做到：咬住字头，出字有力，拉开字腹,收住字尾,字神(指声调)准确;用气均匀连贯,用声刚柔相济;声传情、情带声、情运气、气生情,达到情、声、气协调一致,完美结合。

(1)阴平练习

阴平的调值是55,发音时,保持5度。两个阴平相连时,前一个阴平可降为44调值,后一个阴平55调值。

tí jú huā　　táng　huáng cháo
题 菊 花　〔唐〕黄　巢

sà sà xī fēng mǎn yuàn zāi ruǐ hán xiāng lěng dié nán lái
飒 飒 西 风 满 院 栽,蕊 寒 香 冷 蝶 难 来。

tā nián wǒ ruò wéi qīng dì bào yǔ táo huā yí chù kāi
他 年 我 若 为 青 帝,报 与 桃 花 一 处 开。

wàng lú shān pù bù　　táng　lǐ bái
望 庐 山 瀑 布　〔唐〕李 白

rì zhào xiāng lú shēng zǐ yān yáo kàn pù bù guà qián chuān
日 照 香 炉 生 紫 烟,遥 看 瀑 布 挂 前 川。

fēi liú zhí xià sān qiān chǐ yí shì yín hé luò jiǔ tiān
飞 流 直 下 三 千 尺,疑 是 银 河 落 九 天。

làng táo shā · jiǔ qū huáng hé wàn lǐ shā　　táng　liú yǔ xī
浪 淘 沙 · 九 曲 黄 河 万 里 沙　〔唐〕刘 禹 锡

jiǔ qū huáng hé wàn lǐ shā làng táo fēng bǒ zì tiān yá
九 曲 黄 河 万 里 沙,浪 淘 风 簸 自 天 涯。

rú jīn zhí shàng yín hé qù tóng dào qiān niú zhī nǚ jiā
如 今 直 上 银 河 去,同 到 牵 牛 织 女 家。

bái yún fēi
白 云 飞

bái yún fēi bái yún piāo piāo shàng huáng shān jǔ chóng xiāo
白 云 飞,白 云 飘,飘 上 黄 山 九 重 霄。

8.声调综合训练
吴洁茹

shān yuè gāo lái jǐng yuè měi　zuì gāo fēng shang shéi zài xiào
山越高来景越美,最高峰上谁在笑。

à　huáng shān de yún a
啊!黄山的云啊!

nǐ shì nà yàng jié bái　nà yàng chóng gāo
你是那样洁白,那样崇高。

bái yún fēi　bái yún piāo　piāo shàng xuán yá sōng shù shāo
白云飞,白云飘,飘上悬崖松树梢。

yá yuè dǒu lái sōng yuè qiào　zuì dǒu de yá shang shéi zài xiào
崖越陡来松越俏,最陡的崖上谁在笑。

à　huáng shān de yún a
啊!黄山的云啊!

nǐ shì nà yàng měi lì　nà yàng jiāo ào
你是那样美丽,那样骄傲。

(2) 阳平练习

阳平的调值是35,发音时,由3度向上滑动至5度。两个阳平相连,前一个阳平不能弯曲,调值可以是34。

dēng guàn què lóu　　táng　wáng zhī huàn
登鹳雀楼　〔唐〕王之涣

bái rì yī shān jìn　huáng hé rù hǎi liú
白日依山尽,黄河入海流。

yù qióng qiān lǐ mù　gèng shàng yì céng lóu
欲穷千里目,更上一层楼。

lùn shī　　qīng　zhào yì
论诗　〔清〕赵翼

lǐ dù shī piān wàn kǒu chuán　zhì jīn yǐ jué bù xīn xiān
李杜诗篇万口传,至今已觉不新鲜。

jiāng shān dài yǒu cái rén chū　gè lǐng fēng sāo shù bǎi nián
江山代有才人出,各领风骚数百年。

yuán rì　　sòng　wáng ān shí
元 日　〔宋〕王 安 石

bào zhú shēng zhōng yí suì chú　chūn fēng sòng nuǎn rù tú sū
爆 竹 声 中 一 岁 除，春 风 送 暖 入 屠 苏。

qiān mén wàn hù tóng tóng rì　zǒng bǎ xīn táo huàn jiù fú
千 门 万 户 瞳 瞳 日，总 把 新 桃 换 旧 符。

lāo chū yí gè fēng shōu nián　　lóng yàn yí
捞 出 一 个 丰 收 年　龙 燕 怡

táo huā liú shuǐ sān yuè tiān　mǎn hé yú gē shēng shēng tián
桃 花 流 水 三 月 天，满 河 渔 歌 声 声 甜。

yíng fēng sǎ xià jīn sī wǎng　lāo chū yí gè fēng shōu nián
迎 风 撒 下 金 丝 网，捞 出 一 个 丰 收 年。

（3）上声练习

上声的调值是214，发音时，由2度开始，向下滑动到1度，接着从1度折转滑向4度。两个上声相连，按上声变调处理。

chūn xiǎo　　táng　mèng hào rán
春 晓　〔唐〕孟 浩 然

chūn mián bù jué xiǎo　chù chù wén tí niǎo
春 眠 不 觉 晓，处 处 闻 啼 鸟。

yè lái fēng yǔ shēng　huā luò zhī duō shǎo
夜 来 风 雨 声，花 落 知 多 少。

fēng shōu
丰 收

jīn chán cāo qín hú dié wǔ　qīng wā guō guo qiāo luó gǔ
金 蝉 操 琴 蝴 蝶 舞，青 蛙 蝈 蝈 敲 锣 鼓。

nóng cūn bā yuè duō huān lè　mǎn cháng mǎn yuàn duī wǔ gǔ
农 村 八 月 多 欢 乐，满 场 满 院 堆 五 谷。

幸福在哪里 戴富荣

幸福在哪里，朋友啊，告诉你。她不在柳荫下，也不在温室里。她在辛勤的工作中，她在艰苦的劳动里。啊！幸福就在你晶莹的汗水里。

幸福在哪里，朋友啊，告诉你。她不在月光下，也不在睡梦里。她在精心的耕耘中，她在知识的宝库里。啊！幸福就在你闪光的智慧里。

（4）去声练习

去声的调值是51，发音时，从最高的5度开始，下滑降到最低的1度。两个去声相连，前一个去声可以不降到1度，但后一个去声必须降到1度。

循序渐进，循序渐进，再循序渐进。你们从一开始工作起，就要在积累知识方面养成严格的循序渐进的习惯。

如梦令·元旦 毛泽东

宁化、清流、归化，路隘林深苔滑。今日向

何方?直指武夷山下。山下山下,风展红旗如画。

校园早晨(片段) 高枫

沿着校园熟悉的小路,清晨来到树下读书,初升的太阳照在脸上,也照着身旁这棵小树。亲爱的伙伴,亲爱的小树,和我共享阳光雨露,请我们记住这美好时光,直到长成参天大树。

6. 绕口令练习

四声歌

学好声韵辩四声,阴阳上去要分明。

部位方法要找准,开齐合撮属口形。

双唇班报必百波,舌面积结教坚精。

翘舌主争真知照,平舌资则早在增。

擦音发翻飞分复,送气查柴产彻称。

合口呼午枯胡古,开口高坡歌安争。

撮口虚学寻徐剧,齐齿衣优摇业英。
前鼻恩因烟弯稳,后鼻昂迎中拥生。
咬紧字头归字尾,阴阳上去记变声。
循序渐进坚持练,不难达到纯和清。

梨、栗

老罗拉了一车梨,老李拉了一车栗。
老罗人称大力罗,老李人称李大力。
老罗拉梨做梨酒,老李拉栗去换梨。

扔草帽

隔着墙头扔草帽,也不知草帽套老头,还是老头套草帽。

一葫芦酒

一葫芦酒,九两六。一葫芦油,六两九。
六两九的油,要换九两六的酒。
九两六的酒,不换六两九的油。

7. 句段练习

港珠澳大桥工程中施工技术难度最高的海底隧道建设方案日前最终敲定,确保大桥可以在年内开工。据了解,海底隧道长六点七五公里,隧道与桥梁相接处各修两个横截面长一公里的人工岛。隧道造价约二百一十一亿元人民币,占到大桥主体工程预算投资额的近一半。

(节选自新闻节目)

西藏将在珠峰地区新建六个无人值守的自动气象站,与此地区已经建成的自动气象站共同组成自然保护区生态环境监测网。

(节选自新闻节目)

清明节古时也叫三月节,公历每年的四月四号至六号之间为清明节,是二十四节气之一。在二十四个节气中,既是节气又是节日的只有清明。清明节的起源，据说始于古代帝王将相的"墓祭"之礼，后来民间争相仿效。在这一天祭祖扫墓，历代沿袭，成为中华民族一种固定的风俗。

（节选自社会生活节目）

金融危机背景下，日本的年轻人不得不放下只能在大城市工作的身价，将注意力瞄准了农村地区。日本政府为了缓解就业压力，也开始积极推出相关计划，比如本月开始实施的"农村工作队"计划，就打算招募两千四百名年轻人到农村工作。

（节选自新闻节目）

我家的后面有一个很大的园，相传叫作百草园。现在是早已并屋子一起卖给朱文公的子孙了，连那最末次的相见也已经隔了七八年，其中似乎确凿只有一些野草；但那时却是我的乐园。

（节选自鲁迅《从百草园到三味书屋》）

马来的雨并不是那种缠绵的江南雨。它似乎并不飘洒温柔,但却不烦人,噼噼啪啪打过来,铺天盖地扫过去,爽爽快快,干脆利落。

（节选自胡绳梁《马来的雨》）

看,春笋破土而出;听,潺潺的流水声。心情随意而悠闲。在一份恬静中,在一份淡淡中,享受着春天的美好。这丰富中的单纯,这流淌中的韵律,要用心去品味和体会。

（节选自佚名《感悟春天》）

一个人孤独地走在路上,寂寞地看路边的风景也是一种别样的情怀。有时,我也会坐在路边看夕阳落山,晚霞总是美丽而多情的,那一轮圆圆的红日在落山时的那种壮美,那种依依不舍,像极了人生谢幕时的情景,悲壮而无奈。

（节选自社会生活节目）

一个个巨大的、燃烧的脚印状焰火腾空而起,从永定门沿北京城中轴线一路向北,穿过天安门广场,一步步走向主会场鸟巢。当第二十九个亮丽的脚印炸开在鸟巢的正上方,立即化为漫天繁星洒向地面,在鸟巢中央聚拢成星光闪烁的奥运五环。

(节选自新闻节目)

街上,柳树顶上急匆匆地要绽出一层绿,白杨树慌忙吐出一树嫩绿泛白的小叶,倒像开了一树白绿的小花。春,是一种迫不及待的展现。

(节选自陈祖芬《春的胡话》)

第四单元　语流音变训练

在连续说话的语流中,音节和音节互相影响,有些音节的声母、韵母或声调的读音会有些变化,这就是语流音变。普通话的音变现象有很多,这里谈需要特别注意的音变,即轻声、儿化、变调、语气"啊"的变读和词的轻重格式等。

一、轻声

每个音节都有它的声调,可在句子或词里,有的音节失去原调,变成较轻较短的调子,这种声调变体就是轻声。较轻较短是说,音节的音强比原调轻些、弱些,音节的音长比原调短些。在不同音节中,轻声的音高也不一样,一般根据前面一个音节的声调来定。

1. 轻声的读法

一是,阴平、阳平后面的轻声读中调 3 度。

如:**风筝**　姑姑　功夫　结实　先生　衣服　抽屉
　　胳膊　包子　舒服　回来　毛病　苗头　精神

二是,上声后面轻声读半高调 4 度。

如:**本子**　起来　码头　姐姐　养活
　　讲究　打算　指望　喜欢　本事

三是,去声后面轻声读低调 1 度。

如:**月亮**　胖子　大夫　告诉　弟弟　壮实
　　谢谢　教训　见识　费用　对付　任务

2. 什么音节读轻声

一是,语气词"吧、吗、呢、啊"等读轻声。

如:**去吧！ 走吗？ 怎么呢？ 说啊！**

二是,助词"的、地、得、着、了"等读轻声。

如:**我的　慢慢地　好得很　拿着　走了**

三是,构词后缀"子""头""们"等读轻声。

如:**桌子　后头　我们**

四是,方位词读轻声。

如:**家里　桌上　地下**

五是,趋向动词读轻声。

如:**回来　出去　跑出来　走进去**

六是,部分重叠动词后一个音节读轻声。

如:**看看　说说　写写**

七是,部分重叠名词后一个音节叠音的亲属称谓后一个音节读轻声。

如:**猩猩　饽饽　爸爸　妈妈　姐姐**

八是,做宾语的人称代词读轻声。

如:**请你　叫他**

九是,有一批常用的双音节词,第二个音节习惯上读轻声。

如:**伙计　喷嚏　蚂蚱　云彩　护士　事情　脑袋　窗户　牡丹　豆腐　动弹　核桃**

播音时,轻声不宜多,不得不读轻声的音节才读轻声。轻声吐字也要清晰。

还有一个问题需要注意:轻声音节读得较短(大约是普通音节的 2/3—1/2)较轻,对声母和韵母也会产生影响。清声母有可能变成浊声母,如"好的"中的 de,声母 de 由清变浊(即声带出现颤动),主要元音 e 的舌位也会趋于央化。

3. 综合训练

（1）绕口令

天上日头

天上日头,嘴里舌头,地上石头,桌上纸头,手掌指头,树上枝头。

（2）句段练习

朔方的雪花在纷飞之后,却永远如粉,如沙,他们决不粘连,撒在屋上,地上,枯草上,就是这样。屋上的雪是早已就有消化了的,因为屋里居人的火的温热。

（节选自鲁迅《雪》）

我一辈子只看过这么一大回热闹:男女老幼喊着叫着,狂跑着,拥挤着,争吵着,砸门的砸门,喊叫的喊叫,咔嚓! 门板倒下去,一窝蜂似的跑进去,……全红着眼,全拼着命,全奋勇前进,挤成一团,倒成一片,散走全街。

（节选自老舍《我这一辈子》）

其实那个唱话匣子的看见我跑进家去,当然就会在门口等着,不得到结果,他是不会走掉的。讲价钱的时候,门口围上一群街坊的小孩和老妈子。讲好价钱进来,围着的人就会挨挨蹭蹭地跟进来,北京话叫作"听蹭儿"。我有时候大大方方地全让他们进来;有时讨厌哪一个便推他出去,把大门砰地一关,好不威风!

（节选自林海音《城南旧事》）

二、儿化

儿化不是在音节之后加一个单独的 er 音节,而是在音节末尾的元音上附加个卷舌动作，使韵母带上卷舌音"儿"的音色。

1. 儿化的变化规律

一是，韵母或韵尾音素是 a、o、e、u 的，儿化时只在原韵母后加卷舌动作。

上哪儿 nǎr　　　腊八儿 bār
山坡儿 pōr　　　花朵儿 duǒr
唱歌儿 gēr　　　风车儿 chēr
眼珠儿 zhūr　　　火炉儿 lúr

二是，韵尾是 i、n 的，儿化时，去掉韵尾，加卷舌动作。

小孩儿 háir—hár　　　冒牌儿 páir—pár
宝贝儿 bèir—bèr　　　眼泪儿 lèir—lèr
被单儿 dānr—dār　　　手绢儿 juànr—juār

三是，韵尾是 ng 的，儿化时，ng 前面主要元音变成鼻化元音，同时加卷舌动作。

帮忙儿 mángr—mār　　　吊嗓儿 sǎngr—sār
板凳儿 dèngr—dēr　　　胡同儿 tòngr—tōr

四是，主要元音是 i、ü 的，要在原韵母后加 er。

小姨儿 yir—yier　　　打旗儿 qir—qier
金鱼儿 yür—yüer　　　马驹儿 jur—juer

五是，主要元音是 -i（前）和 -i（后）的，去掉主要元音，在声母后直接加上 er。

墨汁儿 zhir—zher　　　吃儿 chir—cher
小事儿 shir—sher　　　字儿 zir—zer
带刺儿 cir—cer　　　拔丝儿 sir—ser

儿化有修饰语言色彩的作用，使语音更加口语化，但在播读新闻稿件时尽量不用儿化。南方方言区学习者要注意，舌头不要过卷，应尽量保持原韵母的音色。

2. 综合练习

（1）绕口令练习

进了门儿，倒杯水儿，
喝了两口运运气儿。
顺手儿拿起小唱本儿，
唱一曲儿又一曲儿。
练完嗓子我练嘴皮儿，
绕口令儿，练字音儿，
还有单弦儿牌子曲儿，
小快板儿大鼓词儿，
越说越唱我越带劲儿。

（2）句段练习

桃花儿开了，小鸟儿在树枝儿上唱歌儿，小鱼儿在水面儿上吐泡儿。

（节选自少儿节目）

沙滩上大大小小、五颜六色的贝壳儿，更是迷人。大个儿的，就像是个小花扇儿，小的就像小纽扣儿那么一丁点儿，可是那贝壳上的一道儿道儿的花纹儿，却是那样地清晰。

（节选自旅游节目）

院子里铺着芝麻秸儿，小丫头儿不许出屋，小小子儿虽然允许走动，却不能在外边大小便，免得冲撞了神明。

（节选自刘绍棠《本命年的回想》）

三、变调

在语流中，有些音节连着念时，声调会发生变化，与单念时调值不同,这种声调的变化叫作变调。变调多数是受后一个音节声调的影响而产生的。

1."一、七、八、不"的变调

播音中,"一、不"按规律变,"七、八"则少变或不变。具体的变化规律如下。

一是,在去声前读阳平。播音中"七、八"不变,口语中"七、八"可以变。

一:一部(yí bù)　一定(yí dìng)　一个人(yí gè rén)

七:七个(qí gè)　七寸(qí cùn)

八:八个(bá gè)　八份(bá fèn)

不:不会(bú huì)　不去(bú qù)　不为名(bú wèi míng)

　　不为利(bú wèi lì)　　　不怕苦(bú pà kǔ)

　　不怕死(bú pà sǐ)

二是,"一、不"在非去声前读去声。

一:一年(yì nián)　一本(yì běn)　一般化(yì bān huà)

不:不同意(bù tóng yì)　　　不好(bù hǎo)

　　不多(bù duō)　　　　　不高(bù gāo)

三是,"一、不"夹中间念轻声。

一:看一看　想一想　说一说　笑一笑

不:好不好　行不行　来不来　了不起

四是,"一、不"单念或处于词句末尾读原调。

一:友谊第一　统一　全国第一　五一

不:不,我不

可做以下练习,体会"一、七、八、不"的变调。

一个老僧一本经

一个老僧一本经,一句一行念得清。

不是老僧爱念经,不会念经当不了僧。

一帆一桨一叶舟

一帆一桨一叶舟,一个渔翁一钓钩。
一俯一仰一场笑,一江明月一江秋。

北京医院到日本考察的人员,不讲排场,不摆阔气,不乱花一分钱。所花费用不到国家规定的一半。

2. 阴平、阳平、去声的变调

阴平、阳平、去声音节,当后面不是轻声音节时,前面一个变得稍低一点儿,短一点儿。

比如:"天天、科学、军队"等前面音节由 55 变 44(阴平在阴、阳、去声前面)。

"南京、红旗、同志"等前面音节由 35 变 34(阳平在阴、阳、去声前面)。

"斗争、大门、话剧"等前面音节由 51 变 42(去声在阴、阳、去声前面)。

3. 上声变调

上声的变调规律如下。

一是,上声在阴平、阳平、去声前,上声 214 变半上 211。

上阴	**老师**	**许多**	**指标**	**打击**
上阳	**领航**	**主持**	**解决**	**启程**
上去	**体育**	**写作**	**访问**	**法律**

二是,上声和上声相连,前面一个变直上 24,听起来像阳平,但并非是阳平。

友好　领导　首长　理想　领土
表演　婉转　抚养　改写　骨髓

三是,三个以上的上声连读,根据词语的意义自然分节后再按照上述的变调类型处理。

若词语结构是"双单格",前面两个变直上24。

水彩笔 214 214 214—24 24 214
展览馆 214 214 214—24 24 214
手写体 214 214 214—24 24 214

若词语结构是"单双格",第一个上声变半上,第二个上声变直上。

老领导 214 214 214—211 24 214
好产品 214 214 214—211 24 214
纸老虎 214 214 214—211 24 214

4. 重叠形容词的变调

重叠形容词的第二个音节,在口语中变阴平,播音中尽量少变或不变。

满满的 mǎn mǎn de—mǎn mān de
快快地 kuài kuài de—kuài kuāi de
好好地 hǎo hǎo de—hǎo hāo de
圆圆的 yuán yuán de—yuán yuān de
胖胖的 pàng pàng de—pàng pāng de
活活地 huó huó de—huó huō de
短短的 duǎn duǎn de—duǎn duān de

四、语气词"啊"的音变

"啊"单独使用,不和其他元音连读时,一般发"ɑ"音。当受到前一个音节韵尾影响时,就会发生音变现象。在播音中,正确使用"啊"的音变,可以使语气自然、大方、色彩丰富。

1. 音变规律

语气词"啊"的音变规律如下。

一是,一句话开头念"a",单独使用也读"a"。

啊(ā 阴平调,叮嘱的语气),好好干!

啊(á 阳平调),你怎么说出这样的话?

啊(ǎ 上声调),有这种事?

啊(à 去声调),我明白了。

啊(à 去声调)! 祖国,我的母亲。

二是,"啊"前面音节的韵母或韵母的尾音是 a、uo、o、e、ê、i、ü 时,一般发"yā"音。

他啊!	tā—ya
你快说啊!	shuō—ya
必须先把敌人的碉堡攻破啊!	pò—ya
你说什么啊!	me—ya
你写啊!	xiě—ya
提高警惕啊!	tì—ya
快回去啊!	qù—ya

三是,"啊"前面音节的韵母的尾音是"n"时,一般发"na"。

军民是一家人啊。	rén—na
你要小心啊。	xīn—na

四是,"啊"前面音节的韵母的尾音是"ng"时,一般发"nga"。

这个人是英雄啊!	xióng—nga
大家一起唱啊!	chàng—nga

五是,"啊"前面音节的韵母或韵母的尾音是 ao、u 时,一般发"wa"。

我们的生活多么美好啊!	hǎo—wa
全托您老人家的福啊!	fú—wa
谁在打鼓啊!	gǔ—wa

六是,"啊"前面音节的韵母是-i(后)、er 时,一般发"ra"。

你有什么事啊!	shì—ra
你倒是吃啊!	chī—ra

他是店小二啊。　　　　　　èr—ra

七是,"啊"前面音节的韵母是-i(前)时,一般发"za"。

你去过北京几次啊!　　　　cì—za

这是谁写的字啊!　　　　　zì—za

2. 综合练习

幼儿园这些孩子啊!　　　　(zi—za)

会跳会唱真可爱啊!　　　　(ài—ya)

大家都来看啊!　　　　　　(kàn—na)

他们玩得多高兴啊!　　　　(xìng—nga)

有的孩子在朗读诗啊!　　　(shī—ra)

有的孩子在画画啊!　　　　(huà—ya)

这些孩子们又是唱啊!　　　(chàng—nga)

又是跑又是跳啊!　　　　　(tiào—wa)

啊(à)!他们是多么幸福啊! (fú—wa)

鸡啊鸭啊,猫啊狗啊,一块水里游啊!牛啊,羊啊,马啊,骡啊,一块儿进鸡窝啊!狼啊,虫啊,虎啊,豹啊,一块街上跑啊!

五、词的轻重格式

由于词义和感情的需要,一个词中各个音节有轻重强弱的差别,这叫词的轻重格式。音节的轻重强弱可分为重、中、轻三种。短而弱的称为轻,长而强的称为重,介于中间的称为中。词的轻重格式是汉语音乐性的一种表现,不仅有区别词义词性的作用,还有准确表达感情和语句目的的作用。

1. 单音节词

单音节词没轻、重问题,按它的声调去读。

2. 双音节词

双音节词的轻重格式有以下三种。

(1) 中重格式

这类词较多,读时第二个音节比第一个重些、长些。

人民　大会　广播　刻苦
满意　革命　动员　年轻

(2) 重中格式

这类词不太多,读时第一个音节比第二个重一些,长一些。如:斗争,"争"字有人读成轻声,如果把"争"字读成轻声,就减轻了这个词的分量。

柔和　突然　责任　嗅觉
作家　温度　视觉　经验

(3) 重轻格式

第二个音节又短又弱,也就是轻声。

弟弟　去吧　拿来　出去
清楚　舒服　玻璃　任务

3. 三音节词

三音节词的轻重格式有以下三种。

(1) 中中重格式

共产党　　东方红　　国务院
研究所　　松花江　　招待会

有些北京人习惯于将中中重格式的词语读成中轻重格式,轻读容易吃字,语意不够明显,因此播音中不要将中中重格式的词语读成中轻重。

(2) 中重轻格式

打拍子　小姑娘　做买卖　糖葫芦
胡萝卜　明摆着　过日子　好意思

（3）中轻重格式

犯不着　　差不多　　喇叭花　　俏皮话

4. 四音节词

四音节词的轻重格式有以下三种。

（1）中重中重格式

儿童广播　　友谊第一　　安居乐业　　并驾齐驱
人杰地灵　　载歌载舞　　昂首阔步　　丰衣足食

（2）中轻中重格式

稀里马虎　　稀里哗啦　　稀稀拉拉　　大大咧咧

（3）重中中重格式

义不容辞　　惨不忍睹　　诸如此类　　一扫而空
美不胜收　　相形之下　　敬而远之　　心如刀割

词的轻重格式多数是固定的，也受语句目的的制约，在语流中也会出现打破原有轻重格式的现象，这是正常的。

六、语流音变综合训练

扬州市昨天起开始向全国征集旅游形象、口号和标识。应征作品要求能够突出扬州的旅游内涵、典型特征和文化精髓，具体包括宜居、精致、水文化、运河、休闲、人文等因素。九月初，扬州市将组织专家进行集中评议。

（节选自新闻节目）

上网站写博客,浏览信息,找"驴友",这些已经不再是年轻人的独家娱乐了。昨天,珠海市中老年大学开通了一个校园网站,界面简洁清新,内容通俗易懂,还设立了"校友博客"和"作品展示"等板块。老人们可以将自己的生活心得、学习作品上传到网络上,不仅方便相互交流,也让更多人了解珠海老人的多彩生活。

(节选自社会生活节目)

北京大觉寺玉兰节昨天开幕。位于大觉寺四宜堂院内的白玉兰树,树龄已有三百多年,是京城现存最为古老的一株古玉兰树,不少游人特意前往观赏。在这次玉兰节期间,大觉寺还精心准备了"禅茶与寺庙"展览以及品茶活动等。

(节选自新闻节目)

在美国拥有百万销量的权威旅游杂志《旅游与休闲》，近日评选出了今年"世界最佳旅游岛"排行榜。印度尼西亚的巴厘岛，以其动人的天然魅力，连续第六年荣登榜首。此外，加拉伯戈斯群岛、温哥华岛、泰国普吉岛、夏威夷岛和大堡礁岛等，也分别入选前十。

(节选自新闻节目)

托运行李找不到了，只要上网轻点鼠标，就可以看到行李查找的进展情况。近日，重庆航空和南方航空就在重庆新推出了这种旅客行李查询系统，让旅客实时了解行李查找状况。

(节选自新闻节目)

中国画在世界上是独一无二的。这不仅因其历史悠久，大师巨匠其众如林，传世名作浩似烟海，更重要的是它异常独特，且具鲜明的民族个性。中华民族独有的宇宙观、哲学观、艺术观、审美观,顽强地表现其间;把其他任何民族的绘画与其放在一起,都迥然不同,立时可见;中国画独放异彩。

(节选自冯骥才《话说中国画》)

家乡的端午,很多风俗和外地一样。系百索子——五色的丝线拧成小绳,系在手腕上。丝线是掉色的,洗脸时沾了水,手腕上就印得红一道绿一道的。做香角子——丝线缠成小粽子,里头装了香面,一个一个串起来,挂在帐钩上。贴五毒——红纸剪成五毒,贴在门坎上。

(节选自汪曾祺《端午的鸭蛋》)

满船的人,一到这地方,都感到一种"脱去危险"的愉快,心灵中自然而然地生出来一阵轻松,好像一个人从险峻的山顶上走到了平地,从一个黑暗的山洞里走出了洞口似的,大家都放下心来,舒舒服服地喘了一口气。

(节选自刘大杰《巴东三峡》)

成绩其实并没有那么重要,成才与否取决于社会历史环境的复杂因素,与智力因素相比,更为重要的是抱负、胸怀、勇气、意志、坚韧等基本素质,是知人论世、审时度势的悟性,是综合素质。

(节选自社会生活节目)

农村的新年,是非常长的。过了元宵灯节,年景尚未完全落幕,还有个家家邀饮春酒的节目,再度引起高潮。在我的感觉里,其气氛之热闹,有时还超过初一至初五那五天新年呢。原因是:新年时,注重迎神拜佛,小孩子们玩儿不许在大厅上、厨房里,生怕撞来撞去,碰碎碗盏。尤其我是女孩子,蒸糕时,脚都不许搁在灶孔边,吃东西不许随便抓。因为许多都是要先供佛与祖先的。说话尤其要小心,要多讨吉利,因此觉得很受拘束。过了元宵,大人们觉得我们都乖乖的,没闹什么祸,佛堂与神位前的供品换下来的堆得满满一大缸,都分给我们撒开地吃了。尤其是家家户户轮流地邀喝春酒,我是母亲的代表,总是一马当先,不请自到,肚子吃得鼓鼓的跟蜜蜂似的,手里还捧一大包回家。

可是说实在的,我家吃的东西多,连北平寄来的金丝蜜枣、巧克力糖都吃过,对于花生、桂圆、松糖等等,已经不稀罕了。那么我最喜欢的是什么呢?乃是母亲在冬至那天就泡的八宝酒,到了喝春酒时,就开出来请大家尝尝。"补气、健脾、明目的哟!"母亲总是得意地说。她又转向我说:"但是你呀,就只能舔一指甲缝,小孩子喝多了会流鼻血,太补了。"其实我没等她说完,早已偷偷把手指头伸在杯子里好几回,已经不知舔了多少个指甲缝的八宝酒了。

八宝酒,顾名思义,是八样东西泡的酒,那就是黑枣(不知是南枣还是北枣)、荔枝、桂圆、杏仁、陈皮、枸杞子、薏仁米,再加两粒橄榄。要泡一个月,打开来,酒香加药香,恨不得一口气喝它三大杯。母亲给我在小酒杯底里只倒一点点,我端着、闻着,走来走去。有一次,一不小心,跨门槛时跌了一跤,杯子捏在手里,酒却洒在衣襟上了。抱着小花猫时,它直舔,舔完了就呼呼地睡觉。原来我的小花猫也是个酒仙呢!

我喝完春酒回来,母亲总要闻闻我的嘴巴,问我喝了几杯酒。我总是说:"只喝一杯,因为里面没有八宝,不甜呀。"母亲听了很高兴。她自己请邻居来吃春酒,一定给他们每人斟一杯八宝酒。我呢,就在每个人怀里靠一下,用筷子点一下酒,舔一舔,才过瘾。

春酒以外,我家还有一项特别节目,就是喝会酒。凡是村子里有人急需钱用,要起个会,凑齐十二个人,正月里,会首总要请那十一位喝春酒表示酬谢,地点一定借我家的大花厅。酒席是从城里叫来的,和乡下所谓的八牙五、八盘八(就是八个冷盘,五道或八道大碗的热菜)不同,城里酒席称之为"十二碟"(大概是四冷盘、四热炒、四大碗煨炖大菜),是最最讲究的酒席了。所以乡下人如果对人表示感谢,口头话就是"我请你吃十二碟"。因此,我每年正月里,喝完左邻右舍的春酒,就眼巴巴地盼着大花厅里那桌十二碟的大酒席了。

母亲是从不上会的,但总是很乐意把花厅给大家请客,可以添点新春喜气。花匠阿标叔也巴结地把煤气灯玻璃罩擦得亮晶晶的,呼呼呼地点燃了,挂在花厅正中,让大家吃酒时划拳吆喝,格外地兴高采烈。我呢,一定有份坐在会首旁边,得吃得喝。这时,母亲就会捧一瓶她自己泡的八宝酒给大家尝尝助兴。

席散时,会首给每个人分一条印花手帕。母亲和我也各有一条,我就等于得了两条,开心得要命。大家喝了甜美的八宝酒,都问母亲里面泡的是什么宝贝。母亲得意地说了一遍又一遍,高兴得两颊红红的,跟喝过酒似的。其实母亲是滴酒不沾唇的。

不仅是酒,母亲终年勤勤快快的,做这做那,做出新鲜别致的东西,总是分给别人吃,自己却很少吃。人家问她每种材料要放多少,她总是笑眯眯地说:"约摸差不多就是了,我也没有一定分量的。"但她还是一样一样仔细地告诉别人。可见她做什么事,都有个尺度在心中的。她常常说:"鞋差分、衣差寸,分分寸寸要留神。"
　　今年,我也如法炮制,泡了八宝酒,用以供祖后,倒一杯给儿子,告诉他是"分岁酒",喝下去又长大一岁了。他挑剔地说:"你用的是美国货葡萄酒,不是你小时候家乡自己酿的酒呀。"
　　一句话提醒了我,究竟不是地道家乡味啊。可是叫我到哪儿去找真正的家醅呢?

(选自琦君《春酒》)

第二编
发声篇

播音员主持人的语言表达是对书面语或腹稿、提纲的二度创作,是艺术语言创作活动。播音员主持人要具备良好的发声状态、标准的语音面貌、完美的吐字归音,才能胜任艺术语言创作工作。要具备这些能力,必须掌握正确用声的方法。

为了达到正确用声的目的,我们必须做到:

气息下沉,保持声音宽厚、通畅。

喉部放松,避免声音捏、窄、挤、僵。

吐字归音到位,要做到字头咬住弹出,部位准确;字颈定型标准,过渡柔和;字腹拉开立起,圆润饱满;字尾归音到位,完整自如。

声音富有弹性,主要指声音有较强的伸缩性和可变性。

第五单元　呼吸控制训练

"气乃音之帅""气动则声发",气息是人体发声的动力,没有气息,声带就不能颤动发声。呼吸控制主要是对气息的控制。艺术语言发声对气息有特别的要求。播音员主持人要通过对呼吸控制的训练,达到对气息科学有效的运用。

一、胸腹联合式呼吸法

胸腹联合式呼吸法的要领是:吸气后,两肋张开,横膈膜下降,小腹微收。

这种呼吸方式由胸腔、横膈肌、腹肌联合控制气息,进气量大,为气息平稳、持久、自如地呼出提供了条件。

气息的控制和运用要根据内容及情感表达的需要,要做到"吸气一大片,呼气一条线;气断情不断,声断意不断",把气息的运用作为情感表达的手段。

1. 慢吸慢呼

慢吸慢呼可做以下练习。

一是,吸气深,呼气通畅练习:立定站稳或一只脚稍向前,双目平视前方,头正,双肩放松,这时你似乎闻到了花的芳香,用鼻子深吸一口气,你会觉得肺的下部及腰部都充满了气息,小腹微收,保持几秒钟,再轻缓地呼出,随着呼出的气可发 xiǎo lán,声音渐渐远去。

二是,吸气深,呼气均匀练习:比如发"a"延长音。用慢吸慢呼的动作,深吸一口气,发单元音"a"的延长音。在自己发音最舒服的音域内,声音由小到大,由低到高,由近到远,由弱到强。气息通畅自如,下颚、舌根不紧张,喉部放松。让气流集中打到硬腭前部。

再如,用一口气连续发六个单韵母 a——o——e——i——u——ü——,保持恒定的音调和音强。

三是,吸气深,呼气灵活练习:比如数数练习。慢吸后,气吸八成满,呼气时数1、2、3、4、5……数的速度要慢,吐字要清楚,不紧张,不憋气;发一个音马上闭住声门,不要跑气和换气;发音时,喉部放松,气息通畅,直至一口气用完,能数多少就数多少,随着气息控制能力的提高,增加数数的数量。

2. 快吸慢呼

快吸快呼可做以下练习。

一是,吸气深,呼气通畅练习:当看到信中使你意想不到的高兴的消息时,你会快而短促地吸一口气,保持几秒,这样快速地吸气正是快吸。

快吸之后发以下音节的延长音,尽量延长呼气时间。

巴 bā　　拔 bá　　把 bǎ　　罢 bà
低 dī　　答 dá　　底 dǐ　　大 dà

二是,气沉丹田练习:比如做夸大上声练习。

ǎ　ǐ　ǎi　ǎo　ǔ

好(hǎo)　　美(měi)　　满(mǎn)　　想(xiǎng)
仰(yǎng)　　场(chǎng)　　请(qǐng)　　跑(pǎo)

请你往北走找柳组长取演讲稿(用一口气进行夸大上声练习)

3. 换气练习

通过以下练习体会和感受换气和补气。

(1)绕口令

出东门,过大桥,大桥底下一树枣,拿着竿子去打枣儿,青的多,红的少,一个枣儿、两个枣儿、三个枣儿、四个枣儿、五个枣儿、六个枣儿、七个枣儿、八个枣儿、九个枣儿、十个枣儿、九个枣儿、八个枣儿、七个枣儿、六个枣儿、五个枣儿、四个枣儿、三个枣儿、两个枣儿、一个枣儿。上面是一则绕口令,一口气说完才算好。

广场上,飘红旗,看你能数多少面旗,一面旗、两面旗、三面旗、四面旗、五面旗、六面旗、七面旗、八面旗、九面旗、十面旗……

(2)《三字经》片段

人之初,性本善。性相近,习相远。
苟不教,性乃迁。教之道,贵以专。
昔孟母,择邻处。子不学,断机杼。
窦燕山,有义方。教五子,名俱扬。
养不教,父之过。教不严,师之惰。
子不学,非所宜。幼不学,老何为。
玉不琢,不成器。人不学,不知义。
为人子,方少时。亲师友,习礼仪。
香九龄,能温席。孝于亲,所当执。
融四岁,能让梨。弟于长,宜先知。

(3)播报名单

第十三届全国人民代表大会代表名单(按姓名笔画排列)

浙江省(94名)

丁列明　于跃敏(女)　马卫光　马荣荣　王　晨　王辉忠
王滨梅(女)　王　巍　元茂荣　车　俊　方中华　方剑乔
方　敏(女)　尹学群　邓　丽(女)　叶诗文(女)　叶新华

吕世明　刘　廷　刘建明　刘建超　刘　锐(女)　孙　军
孙国文　李书福　李占国　李玲蔚(女)　杨金龙　步正合
吴晓东　邱光和　余红艺(女)　邹晓东　汪　康　沈　岩
沈满洪　沈德法　张天任　张世方　张苏军　张　兵
张咏梅(女)　张治芬(女)　张建华　张　耕　陈乃科
陈　玮(女)　陈宗年　陈保华　陈爱珠(女)　陈爱莲(女)
姒健敏　林天干　林　毅　欧　其　罗卫红(女)
周忠莲(女)　周　慧(女)　郑亚莉(女)　郑坚江　郑　杰
郑裕财　胡少先　胡成中　胡季强　胡海峰　柯建华(女)
钟海燕(女,畲族)　俞学文　袁家军　袁　晶(女)　贾　宇
夏永祥　钱三雄　徐文光　徐立毅　徐宇宁　徐冠巨
翁丽芬(女)　席　文　黄政仁　黄美媚(女)　崔　巍(女)
章国强　梁黎明(女)　葛明华　葛益平　蒋胜男(女)
温　暖　裘东耀　窦树华　蔡继明

(4) 新闻句段

可通过以下新闻句段进行长句子换气练习。

　　因为工作忙而忘记缴纳罚款的司机们要注意下面这个消息了,从4月1日起,北京的司机在接到罚单后超过3个月不缴纳罚款或者连续两次逾期不缴纳罚款的,将不会再被扣12分。

(节选自新闻节目)

　　国家税务总局发布通知,由于3月31日为周六,年所得12万元以上的个人纳税申报截止时间顺延至4月2日的24点。对于超过自行申报期限还未申报的,税务机关可对纳税人处以2000元以下的罚款,情节严重的,可处以2000元以上10000元以下的罚款。

(节选自新闻节目)

　　外国科学家日前初步完成了黑猩猩基因组序列草图与人类基

因组序列的比较工作。分析显示,黑猩猩与人类在基因上的相似程度达到96%以上。这一成果发表在今天出版的《自然》杂志上。

(节选自新闻节目)

一颗由我国科学家发现的近地小行星27日飞掠地球,距离最近时约352万公里,未对地球造成影响。这颗小行星是今年2月22日由紫金山天文台的科研人员首次观测到的。

(节选自新闻节目)

2000多年前的埃及艳后克娄巴特拉和她的爱人罗马将军安东尼的故事,一直是人们津津乐道的话题。而他们死后的墓地到底在哪里,直到今天还困扰着考古学家。不过,埃及方面15日表示,他们将在下周开始寻找并挖掘两人的合葬墓。

(节选自新闻节目)

二、弱控制训练

可通过以下练习进行弱控制训练。

1.呼吸

吸气深,呼气均匀练习:缓慢持续地发出 ai、uai、uang、iang 四个韵母。

2.夸大声调

用以下四音节词做夸大声调,延长发音,控制气息的训练。
花红柳绿:huā hóng liǔ lǜ
谈笑风生:tán xiào fēng shēng
鸟语花香:niǎo yǔ huā xiāng

3.扩展音域

控制气息,扩展音域的训练。

我爱家乡的山和水,山水映朝晖。花果园飘芳菲,池清鱼儿肥。沃野千里翻金浪,稻香诱人醉。山笑水笑人欢笑,歌声绕云飞。

4.古诗词

苏幕遮 〔宋〕范仲淹

碧云天,黄叶地,秋色连波,波上寒烟翠。山映斜阳天接水,芳草无情,更在斜阳外。

黯乡魂,追旅思,夜夜除非,好梦留人睡。明月楼高休独倚,酒入愁肠,化作相思泪。

蝶恋花 〔宋〕柳永

伫倚危楼风细细,望极春愁,黯黯生天际。草色烟光残照里,无言谁会凭阑意?

拟把疏狂图一醉,对酒当歌,强乐还无味。衣带渐宽终不悔,为伊消得人憔悴。

卜算子 〔宋〕苏轼

缺月挂疏桐,漏断人初静。谁见幽人独往来?缥缈孤鸿影。

惊起却回头,有恨无人省。拣尽寒枝不肯栖,寂寞沙洲冷。

醉花阴 〔宋〕李清照

薄雾浓云愁永昼,瑞脑销金兽。佳节又重阳,玉枕纱厨,半夜凉初透。

东篱把酒黄昏后,有暗香盈袖。莫道不销魂,帘卷西风,人比黄花瘦。

5. 句段

　　枝头的柳叶有了淡淡的绿,桃花红了,油菜花飘洒着星星点点的黄,那淡淡的黄色好温馨,在没有阳光的早晨,温暖了我的视线。不知名的野花也开了,那是大地的微笑。蚕豆花开了,还有一个月就能吃到青蚕豆了,好像已经闻到了它的清香。还有那玉兰花灿烂地开着,白的如雪,红的似火。

(节选自佚名《感悟春天》)

　　吊脚楼高高低低、错落有致,温柔细腻的线条,包裹着几许轻灵、几许柔情,它们就像凤凰的女子,作风豪放、外形纤柔、内心善良。

(节选自董夏青、刘胜军《小城凤凰》)

　　清晨或黄昏,独坐书斋之中,这时候阳光滤过木格长窗,轻易地敷在紫砂壶上,壶不能言,人也默默,相友相伴,随意又随和。

(节选自纪录片《江南》第十集《朝花夕拾》解说词)

　　"喝茶当于瓦屋纸窗之下,清泉绿茶,用素雅的陶瓷茶具,同二三人共饮,得半日之闲,可抵十年尘梦。喝茶之后,再去继续修各人的胜业,无论为名为利,都无不可,但偶然的片刻优游乃正亦断不可少。"这话是周作人说的。

(节选自周作人《喝茶》)

　　在摩肩接踵的拥挤中游古典园林是很叫人伤心的事,如有一个偶然的机会,或许是大雨刚歇,游客未至,或许是时值黄昏,庭院冷落,你有幸走在这样的园林中就会觉得走进了一种境界,虚虚浮浮而又满目生气,几乎不相信自己往常曾多次来过。

(节选自余秋雨《江南小镇》)

高尔夫球是一项古老的贵族运动，它起源于 15 世纪的苏格兰，由当时牧羊人消磨时光的游戏发展成为当今世界上最为风行的体育运动项目之一，其历史悠久，源远流长。

（节选自社会生活节目）

三、强控制训练

气要吸得深，保持一定量。如果气不够，喉咙会紧张。呼气要均匀、通畅、灵活。可通过以下练习进行强控制训练。

1.弹发

一是，用京剧老生笑的感觉，吸气后发"哈"："hà—hà—hà—hà—hà"，体会气沉丹田。

二是，反复弹发"hèi—hà—hòu"，体会膈肌和腹肌的作用。

三是，发"pēng—pā—pī—pū—pāi"，体会气息上下贯通，力度加强。

2.数葫芦

一口气数不了二十四个葫芦、四十八块瓢。

一个葫芦两块瓢，

两个葫芦四块瓢，

三个葫芦六块瓢，

四个葫芦八块瓢，

五个葫芦十块瓢，

六个葫芦十二块瓢，

七个葫芦十四块瓢，

八个葫芦十六块瓢，

……

二十三个葫芦四十六块瓢，

二十四个葫芦四十八块瓢。

3.古诗词

满江红 〔宋〕岳 飞

怒发冲冠,凭阑处、潇潇雨歇。抬望眼、仰天长啸,壮怀激烈。三十功名尘与土,八千里路云和月。莫等闲、白了少年头,空悲切。

靖康耻,犹未雪;臣子恨,何时灭。驾长车踏破,贺兰山缺。壮志饥餐胡虏肉,笑谈渴饮匈奴血。待从头、收拾旧山河,朝天阙。

江城子·密州出猎 〔宋〕苏 轼

老夫聊发少年狂,左牵黄,右擎苍。锦帽貂裘,千骑卷平冈。为报倾城随太守,亲射虎,看孙郎。

酒酣胸胆尚开张,鬓微霜,又何妨。持节云中,何日遣冯唐?会挽雕弓如满月,西北望,射天狼。

沁园春·长沙 毛泽东

独立寒秋,湘江北去,橘子洲头。看万山红遍,层林尽染;漫江碧透,百舸争流。鹰击长空,鱼翔浅底,万类霜天竞自由。怅寥廓,问苍茫大地,谁主沉浮?

携来百侣曾游,忆往昔峥嵘岁月稠。恰同学少年,风华正茂;书生意气,挥斥方遒。指点江山,激扬文字,粪土当年万户侯。曾记否,到中流击水,浪遏飞舟?

秋夜将晓出篱门迎凉有感 〔宋〕陆游

三万里河东入海,
五千仞岳上摩天。
遗民泪尽胡尘里,
南望王师又一年。

长歌行 〔汉〕汉乐府

青青园中葵,朝露待日晞。
阳春布德泽,万物生光辉。
常恐秋节至,焜黄华叶衰。
百川东到海,何时复西归?
少壮不努力,老大徒伤悲。

4.现代诗

祖国呵,我亲爱的祖国① 舒婷

我是你河边上破旧的老水车,
数百年来纺着疲惫的歌;
我是你额上熏黑的矿灯,
照你在历史的隧洞里蜗行摸索;
我是干瘪的稻穗;是失修的路基;
是淤滩上的驳船
把纤绳深深
勒进你的肩膊;
——祖国呵!

我是贫困,
我是悲哀。
我是你祖祖辈辈
痛苦的希望呵,
是"飞天"袖间
千百年来未落到地面的花朵
——祖国呵!

---

① 舒婷.舒婷诗精编[M].武汉:长江文艺出版社,2014:31-32.

我是你簇新的理想,
刚从神话的蛛网里挣脱;
我是你雪被下古莲的胚芽;
我是你挂着眼泪的笑涡;
我是新刷出的雪白的起跑线;
是绯红的黎明
　　正在喷薄
——祖国呵!

我是你的十亿分之一,
是你九百六十万平方的总和;
你以伤痕累累的乳房
喂养了
迷惘的我、深思的我、沸腾的我;
那就从我的血肉之躯上
去取得
你的富饶、你的荣光、你的自由;
——祖国呵
我亲爱的祖国!

1979.4

5.新闻句段

经过十天的激烈争夺,"中华大奖"第四届中国上海国际芭蕾舞比赛,昨晚在上海举行了颁奖典礼,共揭晓了6个类型的19个奖项。据介绍,中国上海国际芭蕾舞比赛是我国目前唯一获得国际专业权威机构认证的国际舞蹈比赛,至今已成功举办了三届。

(选自新闻节目)

近日,在福建晋江安海湾附近水域,发现国家一级保护动物白海豚的踪迹。据了解,白海豚常见于我国东海,属于国家一级保护动物,有"水上大熊猫"之称。因为白海豚对海洋水质环境十分敏感,被认为是衡量海洋生态环境的活指标。

(选自新闻节目)

一本探讨中日文化、历史、社会、民族之异同的中日文化草根读本《七日谈——来自民间的中日对话录》,近日在北京出版发行。中日两位作者以自己成长生活的感受,在书中讲述和剖析了两国的文化历史社会状态。

(选自新闻节目)

中科院神经科学研究所 30 日发布最新研究成果,揭示了"视觉感知"新机制。研究表明,在大脑的中级视觉皮区,聚集着一群不起眼的神经元细胞群,它们一直在为高级脑区提供精细视觉的输入,也就是将物体的精细细节信息高保真地传递到高级脑区,最终呈现出丰富多彩的视觉世界。这一成果当天凌晨已在国际顶级神经科学期刊《神经元》上发表。

(选自新闻节目)

当地时间 10 号,美国国家飓风中心发布消息称,四级飓风"弗洛伦斯"正在大西洋上方积蓄能量、不断增强,并继续向西北方向移动,"弗洛伦斯"极有可能在当地时间 13 号登陆美国东部,预计会带来狂风、暴雨,甚至引发洪涝灾害。

(选自新闻节目)

当地时间 21 号,三名宇航员搭乘俄罗斯"联盟号"载人飞船从哈萨克斯坦拜科努尔航天发射场顺利升空。这三人包括一名俄罗斯宇航员和两名美国宇航员,预计他们将在 23 号抵达国际空间站,并与空间站里的另外三名宇航员会合,开展下一步科学研究工作。

(选自新闻节目)

从今晚开始一直到 27 号,蒙特卡洛芭蕾舞团将在国家大剧院连续上演标新立异的舞剧《罗密欧与朱丽叶》和《天鹅湖》。在昨天的发布会上,艺术总监、编导家马约表示,这部《天鹅湖》找不到一点传统元素。

(选自新闻节目)

北京海关日前破获近年来最大一起穿山甲鳞片走私案件,现场缴获穿山甲鳞片 140 千克。犯罪嫌疑人通过快递、物流等多种方式走私销售 1030 千克穿山甲鳞片。一只成年穿山甲只能产出 0.6 千克左右的鳞片,这意味着至少 1600 只穿山甲被杀害。

(选自新闻节目)

第六单元　口腔控制训练

口腔控制是播音员主持人保证播音发声质量的关键,播音员主持人应该掌握正确的口腔控制及吐字归音的方法。

一、口部训练

1. 开口练习

一是,打开牙关,要有提起上颚双侧后槽牙的感觉,同时下颚放松,加大口腔开度,丰富后口腔共鸣。

二是,提颧肌,两嘴角向斜上方抬起,口腔前部有展宽感,尤其唇能展开贴住上齿,对吐字清晰明亮有帮助。

三是,挺软腭,有半打哈欠的感觉,抬起上颚后部,增加口腔空间的同时,减少气流过多灌入鼻腔,避免造成鼻音。

四是,放松下巴,避免下兜齿,否则会牵动候头上提,造成发声紧张吃力,要把注意力集中于提上颚,有意忽略下巴的存在。

2. 咀嚼练习

张口咀嚼与闭口咀嚼结合进行,舌自然平放,反复练习。

3. 双唇练习

一是,双唇闭拢向前、向后、向左、向右、向上、向下,以及顺时针、逆时针转圈。

二是,双唇打响。

4. 舌头练习

一是,舌尖顶下齿,舌面逐渐上翘。
二是,舌尖在口腔内左右顶口腔壁,在唇齿之间转圈。
三是,舌尖伸出口外向前伸,向左右伸,向上下伸。
四是,舌在口腔内左右立起。
五是,舌尖的弹练,弹硬腭、弹口唇。
六是,舌尖与上齿龈接触打响。
七是,舌根与软腭接触打响。

二、声音集中训练

双唇音用喷法,舌尖音用弹法,舌尖有力度,要有意识地集中一点发,如子弹从嘴里喷射出去,要有目标,音波从硬腭前端送出。

1. 音节练习

ba—da—ga　　pa—ta—ka　　ba—ma—fa
zha—cha—sha　na—la—la　　za—ca—sa
peng—pa—pi—pu—pai

2. 声母、韵母拆合练习

b—a—ba　　p—a—pa　　b—ai—bai
p—ai—pai　　b—an—ban　p—an—pan

三、象声词训练

吧嗒嗒　滴溜溜　咕隆隆　噼啪啪
扑通通　呼啦啦　咣当当　哗啦啦

当啷啷　乒乓乓　唰啦啦　淅沥沥

四、字词训练

编排　奔跑　爆破　背叛　匹配　坦荡　推动　态度
百炼成钢　波澜壮阔　壁垒森严　翻江倒海
喷薄欲出　普天同庆　滔滔不绝　斗志昂扬

　　字词练习需注意口腔控制的力度，不要用拙劲儿。在练习时，着重把握力量集中的技巧：唇的中部用力；舌体取收势，力量集中于舌的中纵线上；声音沿软、硬腭的中纵线推到硬腭前部——声挂前颚，这样才会获得音色明朗、声音集中的效果。

五、合口呼、撮口呼训练

　　合口呼是满唇用力，撮口呼是嘴角用力，不要翘唇，减少突起，将唇齿相依，能改善音色。

乌鸦　花絮　挫折　快乐　吹捧　汪洋
虚假　宣纸　菊花　捐助　雪恨　辽远

山上五棵树，架上五壶醋，
林中五只鹿，箱里五条裤。
伐了山上的树，搬下架上的醋，
射死林中的鹿，取出箱中的裤。

学语言，用语言，学好语言不费难。
播音员学语言，说话亲切又自然；
演员学语言，台词传得远。

六、诗词训练

大风歌　〔汉〕刘邦

大风起兮云飞扬,
威加海内兮归故乡,
安得猛士兮守四方。

赠汪伦　〔唐〕李白

李白乘舟将欲行,忽闻岸上踏歌声。
桃花潭水深千尺,不及汪伦送我情。

九月九日忆山东兄弟　〔唐〕王维

独在异乡为异客,每逢佳节倍思亲。
遥知兄弟登高处,遍插茱萸少一人。

长江之歌　胡宏伟

你从雪山走来,春潮是你的风采;
你向东海奔去,惊涛是你的气概。
你用甘甜的乳汁,哺育各族儿女;
你用健美的臂膀,挽起高山大海。
我们赞美长江,你是无穷的源泉;
我们依恋长江,你有母亲的情怀。

你从远古走来,巨浪荡涤着尘埃;
你向未来奔去,涛声回荡在天外。
你用纯洁的清泉,灌溉花的国土;
你用磅礴的力量,推动新的时代。

我们赞美长江,你是无穷的源泉;
我们依恋长江,你有母亲的情怀。
啊,长江!

七、贯口段子训练

正阳楼的涮羊肉,便宜坊的挂炉鸭,同和居的烤馒头,东兴楼的乌鱼蛋,致美斋的烩鸭条。小地方哪,像灶温的烂肉面,穆家寨的炒疙瘩,金家楼的汤爆肚,都一处的炸三角,以至于月盛斋的酱羊肉,六必居的酱菜,王致和的臭豆腐,信远斋的酸梅汤,三妙堂的合碗酪,恩德元的包子,砂锅居的白肉,杏花春的花雕。

红丸子,白丸子,熘丸子,炸丸子,三鲜丸子,四喜丸子,氽丸子,葵花丸子,饹炸丸子,豆腐丸子;红炖肉,白炖肉,松肉,扣肉,烤肉,酱肉,荷叶肉,一品肉,樱桃肉,马牙肉,酱豆腐肉,坛子肉,罐儿肉,元宝肉,福禄肉;红肘子,白肘子,水晶肘子,蜜蜡肘子,烧烀肘子,扒肘条儿;蒸羊肉,烧羊肉,五香羊肉,酱羊肉;氽三样儿,爆三样儿,烧紫盖儿,炖鸭杂儿,熘白杂碎,三鲜鱼翅,栗子鸡,尖氽活鲤鱼,板鸭,筒子鸡。

八、口腔控制综合训练

北国风光,千里冰封,万里雪飘。望长城内外,惟余莽莽;大河上下,顿失滔滔。山舞银蛇,原驰蜡象,欲与天公试比高。

(节选自毛泽东《沁园春·雪》)

一个春天的月牙在天上挂着。我看出它的美来。天是暗蓝的,没有一点云。那个月牙清亮而温柔,把一些软光儿轻轻送到柳枝上。院中有点小风,带着南边的花香,把柳条的影子吹到墙角有光的地方来,又吹到无光的地方去。

(节选自佚名《行走山水间》)

　　那波浪互相拥挤着,追逐着,越来越近,越来越高。赶来到脚下时便陡立成一道道齐齐的水墙,像一匹扬鬃跃蹄的野马,呼啸着扑上岸来,"啪"的一声,一头撞在那些圆溜溜的礁石上,顷刻间便化作了点点水珠。

(节选自佚名《海思》)

　　为保护黄河生态环境和渔业资源,山东省将从4月1日起实施黄河禁渔期制度。禁渔时间为每年的4月1日12时至6月30日12时,其中东平湖的禁渔期为4月1日0时至8月31日24时。具体的禁渔区包括山东省管辖范围内的黄河干流,另外还包括东平湖、黄河支流金堤河和大汶河的干流河段。

(节选自新闻节目)

　　日前,在坦桑尼亚发生了惊险的一幕,一头猎豹跳上了一辆在当地国家公园游览的汽车,而一名男性乘客就坐在前方的座位上,他不敢回头,也不敢发出声音。拍摄这段视频的是一名野生动物摄影师,他表示,猎豹这种主动跳上人类汽车的举动不太常见,但从它的表现来看,猎豹当时对人并没有攻击性。

(节选自新闻节目)

　　今年以来,尽管涌入欧洲的难民人数得到初步控制,但难民危机却远未平息。欧盟各成员国围绕难民配额分配、责任分摊等问题陷入争吵;一些极右翼或民粹主义政党用"反移民牌"赢得选民支持,不断挑战和冲击传统主流政党。

(节选自新闻节目)

"大江东去,浪淘尽,千古风流人物。"这个曾经辉煌的文人,因"乌台诗案"开始落魄,漂流四方,辗转难安。悲戚的秋风震动了你易感的心弦,滚滚思潮,波澜起伏。黄河九曲,惊涛万里也难以掩饰深藏内心的幽怨。苍凉悲慨、郁愤不平的激情在字里行间涌流——感世道之险恶,悲人生之寥落。

功名利禄曾占据过多少士人的心灵,主宰了多少文人的喜怒哀乐,消磨了多少英雄的壮志豪情。面对仕途风波,大浪淘沙,你身处逆境,泰然处之,不愿随波上下,俯仰由人。你抬首笑吟"一点浩然气,千里快哉风"!大气凛然,不改高洁本性。

在赤壁的日夜,你心灰意懒,看"江上之清风,山间之明月",做那个神鹤翩跹而舞的梦。面对如江水般深沉的失意,你看到风在山顶呼啸、盘旋,然后带着撕身裂骨的阵痛穿越漆黑的荆棘林。刹那间,你心中郁结的块垒,缠绕的苦痛随风而散,你平和地吟出"一蓑烟雨任平生"。顿悟后的长叹落在历史的长河中,激起滴水的层层回音,至今不绝如缕。

面对贬谪的人生,你放眼大江,举酒赏月,以亲密的友情驱散迁客的苦情,以久惯世路的旷达之怀取代人生失意的哀愁。寒食开海棠之宴,秋江泛赤壁之舟,风流洒脱地徜徉与山水之中。眼中景,意中事,胸中情,倾泻于你的笔端,在时空里,淘尽沙砾,沉淀成千古绝调,辉煌了历史的天空,灿烂了文学的艺苑,响彻了华夏大地。

你站在历史的高度,淋漓挥洒,超然于风高浪急的政治漩涡之外,一扫平庸萎靡的气氛,高歌入云。超脱功利世界的娴静之情终于成为你人生的至乐之情,在新的精神平衡中洋溢着超乎俗世的圣洁理想。

正视挫折、淡化苦痛的平和心境,飘逸旷达的胸襟,洗练了你豪放的词风。横放杰出的气势,空灵蕴藉的笔调,旷远清丽的境界,超尘拔俗的胸襟,如长河激浪,深潭照物,映现了山光物态的神韵,如钟、如鼓,回响在中华历史的长空,万古不朽!

(节选自晓泓婕伊《品读名家(一):聆听苏轼》)

第七单元　吐字归音训练

普通话音节分为声母、韵母(韵头、韵腹、韵尾)、声调,也可叫作字头、字颈、字腹、字尾、字神。对各部分发音的要求如下:
字头:叼住弹出,部位准确。
　　　气息饱满,结实有力。
　　　短暂敏捷,干净利落。
字颈:定型标准,过渡柔和。
　　　肌肉紧张,次于声母。
　　　音短气弱,准确自然。
字腹:拉开立起,气息均匀。
　　　音长声响,圆润饱满。
　　　窄韵宽发,宽韵窄发;
　　　前音后发,后音前发;
　　　圆唇扁发,扁唇圆发。
字尾:尾音轻短,完整自如,
　　　避免生硬,突然收住。
　　　归音到位,送气到家,
　　　干净利索,趋向鲜明。
字神:阴阳上去,高扬转降。

要做到颗粒饱满,吐字如珠,在语流中连贯自如,就会产生"大珠小珠落玉盘"的艺术效果。字音规范了,才能使声音圆润集中,达到字正腔圆。

一、字头训练

1. 双唇音

一平盆面,
烙一平盆饼,
饼碰盆,盆碰饼。

吃葡萄不吐葡萄皮儿,
不吃葡萄倒吐葡萄皮儿。

白庙外蹲一只白猫,
白庙里有一顶白帽。
白庙外的白猫看见了白帽,
叼着白庙里的白帽跑出了白庙。

爸爸抱宝宝,
跑到布铺买布做长袍,
宝宝穿了长袍不会跑。
布长袍破了还要用布补,
再跑到布铺买布补长袍。

2. 唇齿音

我们要学理化,
他们要学理发,
理化理发要分清,
学会理化却不会理发,
学会理发也不懂理化。

3. 舌尖中音

白石塔,白石搭,
白石搭白塔,
白塔白石搭,
搭好白石塔,
白塔白又大。

调到敌岛打特盗,
特盗太刁投短刀,
挡推顶打短刀掉,
踏盗得刀盗打倒。

4. 舌根音

哥挎瓜筐过宽沟,
赶快过沟看怪狗。
光看怪狗瓜筐扣,
瓜滚筐空哥怪狗。

一班有个黄贺,二班有个王克,
黄贺王克二人搞创作。
黄贺搞木刻,王克搞诗歌。
黄贺帮助王克写诗歌,
王克帮助黄贺搞木刻。
由于二人搞协作,
黄贺完成了木刻,王克写好了诗歌。

5. 舌面音

氢气球,气球轻,

轻轻气球轻擎起,
擎起气球心欢喜。

像柳絮,像飞蝶,
情绵绵,意切切,
我爱这人间最美的花朵。
白雪飘飘,飘飘白雪。
看她那晶莹的花瓣,铺满了天边的原野。
看她那轻盈的舞姿,催开了红梅的笑靥。
呵,白雪飘飘,飘飘白雪。
她赠给大地一片皎洁,
她撒向人间多少欢悦。

6. 翘舌音

史老师讲时事,常学时事长知识。
时事学习看报纸,报纸登的是时事。
常看报纸要多思,心里装着天下事。

知识从实践始,实践出真知。
知道就是知道,不知道就是不知道。
不要知道说不知道,也不要不知道装知道。
老老实实,实事求是,
一定要做到不折不扣的真知道。

7. 平舌音

早晨早早起,早起做早操。
人人做早操,做操身体好。

四是四,十是十,

十四是十四,四十是四十。
十不能说成四,
四也不能说成十。
假使说错了,就可能误事。

二、四呼训练

1. 开口呼

小草　向彤　何兆平

没有花香,没有树高,我是一棵无人知道的小草。从不寂寞,从不烦恼,你看我的伙伴遍及天涯海角。春风把我吹绿,阳光把我照耀。河流山川抚育我成长,大地母亲把我紧紧拥抱。

草原上升起不落的太阳　美丽其格

蓝蓝的天上白云飘,白云下面马儿跑,挥动鞭儿响四方,百鸟齐飞翔!要是有人来问我,这是什么地方?我就骄傲地告诉他,这是我们的家乡!

这里的人民爱和平,也热爱家乡,赞美自己的新生活,纵情把歌唱!祖国的天地多宽广,抚育我们成长,草原上升起不落的太阳!

2. 齐齿呼

画眉鸟　〔宋〕欧阳修

百啭千声随意移,山花红紫树高低。
始知锁向金笼听,不及林间自在啼。

3. 合口呼

早春呈水部张十八员外 〔唐〕韩愈

天街小雨润如酥,草色遥看近却无。
最是一年春好处,绝胜烟柳满皇都。

4. 撮口呼

别董大 〔唐〕高适

千里黄云白日曛,北风吹雁雪纷纷。
莫愁前路无知己,天下谁人不识君。

村里新开一条渠

村里新开一条渠,弯弯曲曲上山去。
河水雨水渠里流,满山庄稼一片绿。

三、十三辙训练

同韵字归纳在一起,叫作辙,也就是"韵"。传统戏曲中分十三辙,即:中东辙、江阳辙、一七辙、灰堆辙、怀来辙、姑苏辙、人辰辙、遥条辙、梭波辙、发花辙、油求辙、乜斜辙、言前辙。

十三辙是从普通话的韵母里分析出来的。练习的要领是:韵腹拉开立起,韵尾归音到位,注意情声气的结合。

两道小辙是:小人辰辙和小言前辙。

1. 发花辙 a、ia、ua

浪淘沙·九曲黄河万里沙 〔唐〕刘禹锡

九曲黄河万里沙,浪淘风簸自天涯。

如今直上银河去,同到牵牛织女家。

不第后赋菊 〔唐〕黄巢

待到秋来九月八,我花开后百花杀。
冲天香阵透长安,满城尽带黄金甲。

2. 梭波辙 o、e、uo

答陆澧 〔唐〕张九龄

松叶堪为酒,春来酿几多。
不辞山路远,踏雪也相过。

3. 乜斜辙 iê、üê

村夜 〔唐〕白居易

霜草苍苍虫切切,村南村北行人绝。
独出前门望野田,月明荞麦花如雪。

4. 遥条辙 iao、ao

咏柳 〔唐〕贺知章

碧玉妆成一树高,万条垂下绿丝绦。
不知细叶谁裁出,二月春风似剪刀。

5. 一七辙 i、ü

夜雨寄北 〔唐〕李商隐

君问归期未有期,巴山夜雨涨秋池。
何当共剪西窗烛,却话巴山夜雨时。

金陵图 〔唐〕韦庄

江雨霏霏江草齐,六朝如梦鸟空啼。
无情最是台城柳,依旧烟笼十里堤。

6. 姑苏辙 u

元日 〔宋〕王安石

爆竹声中一岁除,春风送暖入屠苏。
千门万户曈曈日,总把新桃换旧符。

7. 怀来辙 ai、uai

采莲曲 〔唐〕王昌龄

荷叶罗裙一色裁,芙蓉向脸两边开。
乱入池中看不见,闻歌始觉有人来。

游园不值 〔宋〕叶绍翁

应怜屐齿印苍苔,小扣柴扉久不开。
春色满园关不住,一枝红杏出墙来。

8. 灰堆辙 ei、uei

晚春 〔唐〕韩愈

草木知春不久归,百般红紫斗芳菲。
杨花榆荚无才思,惟解漫天作雪飞。

9. 油求辙 iou、ou

题临安邸 〔宋〕林升

山外青山楼外楼,西湖歌舞几时休?
暖风熏得游人醉,直把杭州作汴州。

小池 〔宋〕杨万里

泉眼无声惜细流,树阴照水爱晴柔。
小荷才露尖尖角,早有蜻蜓立上头。

10. 言前辙 an、ian、uan、üan

石灰吟 〔明〕于谦

千锤万凿出深山,烈火焚烧若等闲。
粉骨碎身浑不怕,要留清白在人间。

古朗月行(节选) 〔唐〕李白

小时不识月,呼作白玉盘。
又疑瑶台镜,飞在青云端。
仙人垂两足,桂树何团团。
白兔捣药成,问言与谁餐?

11. 人辰辙 en、in、uen、ün

小儿垂钓 〔唐〕胡令能

蓬头稚子学垂纶,侧坐莓苔草映身。
路人借问遥招手,怕得鱼惊不应人。

送元二使安西　〔唐〕王维

渭城朝雨浥轻尘,客舍青青柳色新。
劝君更尽一杯酒,西出阳关无故人。

12. 江阳辙 ang、iang、uang

润州听暮角　〔唐〕李涉

江城吹角水茫茫,曲引边声怨思长。
惊起暮天沙上雁,海门斜去两三行。

清平调三首之二　〔唐〕李白

一枝红艳露凝香,云雨巫山枉断肠。
借问汉宫谁得似,可怜飞燕倚新妆。

13. 中东辙 eng、ing、ong、iong、ueng

晓出净慈寺送林子方　〔宋〕杨万里

毕竟西湖六月中,风光不与四时同。
接天莲叶无穷碧,映日荷花别样红。

四、吐字归音综合训练

九寨沟,因为有了森林而四季景色迥然不同。春的清丽,夏的庄重,秋的华美,冬的高洁,无不让人激情涌动。

(节选自佚名《九寨·童话世界》)

金黄之美,属于秋天。凡秋天最美的树,都在春夏时显得平淡。可当严冬来临时,一场凌风厉雨的抽打,棵棵绿树郁积多时的幽怨,突然迸发出最鲜活最丰满的生命。那金黄,那鲜红,那刚烈,那凄婉,那裹着苍云顶着青天的孤傲,那如悲如喜如梦如烟的摇曳,会使你在夜里借着月光去抚摸隐约朦胧的花影,会使你在清晨踏着雨露去感触沙沙的落叶。

(节选自潘岳《西风胡杨》)

冰盖无疑是南极最奇丽的景观。它横在海面上,边缘如刀切的截面,奶油般洁白,看上去像一个冰淇淋蛋糕盛在蓝色的托盘上。而当日出或日落时分,太阳在冰盖顶上燃烧,恰似点燃了一支生日蜡烛。

(节选自周国平《南极素描》)

上百只毛茸茸圆滚滚的羊,像下课的孩子一样,推着挤着闹着过路,然后从草原那头,牧羊人出现了。他一脸胡子,披着蓑衣,手执长杖,在羊群的簇拥中缓缓走近。夕阳把羊毛染成淡淡的粉色,空气中流动着草汁的酸香。

(节选自龙应台《在紫藤庐和星巴克之间》)

交通运输部 29 日表示,我国已有 190 个地级以上城市实现交通一卡通互联互通,年底前将完成 220 个城市交通一卡通互联互通。针对一卡通异地使用不便、充值退卡网点少等问题,交通运输部还制定实施办法,提供了充值、使用、退换保障等措施,避免持卡人资金权益受损。

(节选自新闻节目)

清明节期间,全国铁路将迎来春运之后又一个客流高峰。预计全国铁路将发送旅客 2160 万人次,日均 540 万人次,比上年同期增加 12%。铁路部门将根据客流情况随时增开客车和加挂车辆,满足旅客需求。

(节选自新闻节目)

在进行完高强度的运动后,不少人可能会选择来一杯运动饮料,补充刚刚消耗掉的营养和水分。但英国专家近日研究发现,选择喝一杯牛奶要更加明智,因为牛奶不仅便宜,而且对于补充人体的水分和盐分最为有效,它将更加长久地使人体体液保持平衡。

(节选自社会生活节目)

星河耿耿,银汉迢迢。从远古奔来的中华文明的长河,千回百转,千淘万漉,使一颗明珠浮出了水面。它的异彩流光,穿过时空,照亮了中国文学的长廊。它就是滋养了中华民族文化近千年、并让世界也为之回首的唐宋文学。

徜徉在这座文学珍宝馆,我们目不暇接,我们流连忘返。在这里,我们与中国文学史上的众多名流巨匠擦肩而过,你看:迎面走来的是"天子呼来不上船"笑傲红尘的李白;眼望"国破山河在"老泪纵横的杜甫;这一边有听一曲琵琶泪洒青衫的白居易,那一边有登楼远望心忧天下的范仲淹;苏东坡月下把酒,声声向苍天发问,辛弃疾挑灯看剑,夜夜梦里沙场秋点兵;柳永为"有三秋桂子,十里荷花"吟咏歌唱,李清照则为"梧桐更兼细雨"黯然神伤。

唐宋诗词歌赋是一座巍巍丰碑,它计数着中华文明的历史遗产;唐宋文学又是一顶灿灿王冠,缀满了浓缩中国文学智慧的奇珍异宝。在这里,你可找到"大江东去"的豪放,也可找到"人比黄花瘦"的婉约;可听到"磨损胸中万古刀"的愤懑呐喊,也可听到"杨柳岸,晓风残月"的浅吟低唱;有怒发冲冠的报国志,也有窗前明月的故乡情;有独上西楼的长相思,有草长莺飞的梦江南,有春光乍泄的蝶恋花,有斗霜傲雪的一剪梅。捧出这部宝典,我们能感觉到它的分量:刻写历史,它刀刀见血;鞭挞黑暗,它字字带泪;思索人生,它笔笔入理;憧憬光明,它声声不倦。含英咀华,我们也能体味到它的博大:它是历史的凝固,也是现实的观照,是文人的妙笔,也是哲人的沉思;是千里莺啼的锦绣江山卷,也是宫廷王朝的血雨腥风图;它的大漠孤烟,它的塞外鼓角,它的新坟旧鬼,它的金风玉露,共同托起的是中国文学史上的一座珠穆朗玛。

今天晚上,在这个古来圣贤千百次吟咏的新年之夜,让我们共同举起唐宋名篇这樽美酒,邀明月至花前,引诗情到九重,在一声声荡气回肠的千古绝唱中,开启一次美的旅程。

(节选自胡占凡《荡气回肠唐宋篇》)

第八单元　共鸣控制训练

播音员主持人在工作时都需要有一定的共鸣作为基础,以达到宽厚、圆润、明亮、集中的用声效果。

共鸣器官把发自声带的原声在音色上进行润饰,使它变得圆润、优美。调节共鸣器官可以丰富或改变声音色彩。良好的共鸣可以减轻气流对声带的冲击,延长声带的寿命。

播音或主持节目时,以口腔共鸣为主,胸腔共鸣为基础。发高音时会有鼻腔、头腔共鸣。

声音圆润集中,需要改变口腔共鸣条件。发音时,双唇集中用力,下巴放松,打开牙关,喉部放松,提颧肌,嘴角上提。用"半打哈欠"的感觉体会喉部、舌根、下巴放松的状态。在打开口腔时,也要注意唇的收拢。

一、口腔共鸣训练

双唇用喷法,舌尖用弹法,要有意识集中于一点,似子弹从嘴里喷射出,击中一个目标。声音沿上颚打到硬腭前端送出。注意,此时鼻咽要关闭。

1. 单音节练习

(1) bā—dā—gā　　bā—dā—gā
　　 pā—tā—kā　　pā—tā—kā

(2) bā　　dā　　gā　　pā　　tā　　kā
　　 pā　　tā　　kā　　bā　　dā　　gā

(3) bā　　bá　　bǎ　　bà
　　 pā　　pá　　pǎ　　pà

```
           dā    dá    dǎ    dà
(4) pēng   pā    pī    pū    pāi
    pāi    pū    pī    pā    pēng
```

2. 声母韵母拼合练习

```
b—a—bā         p—a—pā
b—ai—bāi       p—ai—pāi
b—an—bān       p—an—pān
```

3. 两字词、四字词练习

澎湃　冰雹　碰壁　玻璃　蓬勃　喷泉　批判　拍打
百炼成钢　波澜壮阔　壁垒森严　翻江倒海

4. 象声词练习

吧嗒嗒　滴溜溜　咕隆隆　噼啪啪　扑通通
呼啦啦　咣当当　哗啦啦　乓乓乓　唰啦啦

5. 合口音、撮口音练习

乌鸦　花絮　挫折　快乐
吹捧　汪洋　虚假　宣纸
菊花　捐助　雪恨　辽远

村里新开一条渠,弯弯曲曲上山去。
河水雨水渠里流,满山庄稼一片绿。

山上五株树,架上五壶醋,
林中五只鹿,箱里五条裤。
伐了山上的树,搬下架上的醋,
射死林中的鹿,取出箱中的裤。

学语言,用语言,学好语言不费难。
播音员学语言,说话亲切又自然。
演员学语言,台词传得远。

人民解放军占领南京　毛泽东

钟山风雨起苍黄,百万雄师过大江。
虎踞龙盘今胜昔,天翻地覆慨而慷。
宜将剩勇追穷寇,不可沽名学霸王。
天若有情天亦老,人间正道是沧桑。

采桑子·重阳　毛泽东

人生易老天难老,岁岁重阳。今又重阳,战地黄花分外香。
一年一度秋风劲,不似春光。胜似春光,寥廓江天万里霜。

二、鼻腔共鸣训练

　　鼻腔共鸣是通过软腭来实现的。当软腭放松,鼻腔通路打开,口腔的某部分阻断气流,声音在鼻腔得到了共鸣,就产生标准的鼻辅音 m、n 和 ng 等。当鼻腔和口腔同时打开,产生的是鼻化元音。少量的元音鼻化可以使音色明亮,但过多的元音鼻化会形成"鼻"音,这是播音之大忌。

　　软腭关闭后,较强的声音沿硬腭传到鼻腔内壁,我们可以感到鼻腔在振动,但这不是鼻音,而是"头腔共鸣"的发声方法,在播音中也是很少见的。

1. 鼻腔共鸣训练

一是,纯元音+鼻化元音。
纯 a 音+加鼻腔共鸣的 ā 音
纯 i 音+加鼻腔共鸣的 ī 音

纯 u 音+加鼻腔共鸣的 ũ 音

二是,鼻辅音+口元音。

ma——mi——mu——

na——ni——nu——

三是,m 哼唱,使硬腭之上的鼻腔通道振动,软腭前部扯紧。

n 哼唱,使软腭中部振动并扩大鼻咽腔。

ng 哼唱,使软腭后面的垂直部分振动并打开鼻咽腔的下面部分。

四是,词和句段练习。

妈妈 大妈 光芒 中央 接纳 头脑

朝霞冉冉升起,东方透出微明。

你听,你听,国旗的飘扬声。

蓝蓝的天上白云飘,白云下面马儿跑。

挥动鞭儿响四方,百鸟齐飞翔。

2. 解除鼻音训练

一是,软腭上提,口腔后部声音的通道畅通无阻,就不会出现鼻音,也可以减轻喉音重的毛病。

发"吭"声练习:注意挺软腭,关闭鼻咽道,突然打开鼻咽道,发"吭"(kēng)声。

二是,手捏鼻孔,发"a"音。

三是,串发六个元音:a——o——e——i——u——ü——。

四是,先发鼻韵母,再发非鼻韵母。

b—ang—bāng(帮)

p—ang—páng(旁)

m—ang—máng(忙)

b—ai—bái(白)

五是,用16个鼻韵母的主要元音与鼻尾音做拆合练习。练习时发准元音,再发鼻音,然后合并来发。

an—a—n　　　ang—a—ng　　　en—e—n
ian—i—a—n　　iang—i—a—ng　　ün—ü—n
uang—u—a—ng

六是,如果鼻音较重,练声时,则少练带有声母 m、n 和鼻尾韵的音节。

三、胸腔共鸣训练

胸腔是重要的共鸣器官。胸腔的共鸣空间越大,带有胸腔共鸣的声音就越有深度和宽度,听来浑厚、宽广,给观众和听众庄严、深沉、真实、可信之感。

一是,"a"元音直上直下及滑动练习。

二是,夸大上声练习:hǎo　bǎi　mǐ　zǒu

三是,四音节练习。

百炼成钢　bǎi　liàn　chéng　gāng
翻江倒海　fān　jiāng　dǎo　hǎi

四是,句段练习。

小柳树,满地栽,金花谢,银花开。

野草　　夏衍

**树,有时孤零零的一棵,
直挺挺把臂膊伸缩。
花,有时单个个一朵,
静默默把微香散播。
唯独草,总是拥拥挤挤,
长到哪儿,哪儿就蓬蓬勃勃。
一片片、一丛丛,
有着烧不尽的气魄。**

我看樱花,往少里说,也有几十次了。在东京的青山墓地看,上野公园看,千鸟渊看……雨里看,雾中看,月下看……日本到处都有樱花,有的是几百棵花树拥在一起,有的是一两棵花树在路旁水边悄然独立。春天在日本就是沉浸在弥漫的樱花气息里!

(节选自冰心《樱花赞》)

设若单单是有阳光,那也算不了出奇。请闭上眼睛想:一个老城,有山有水,全在天底下晒着阳光,暖和安适地睡着,只等春风来把它们唤醒,这是不是理想的境界?小山整把济南围了个圈儿,只有北边缺着点口儿。这一圈小山在冬天特别可爱,好像是把济南放在一个小摇篮里,它们安静不动地低声地说:"你们放心吧,这儿准保暖和。"

(节选自老舍《济南的冬天》)

今天是全国哀悼日第一天。从北国林海到南疆渔村,从天山牧场到江南水乡,辽阔的中华大地,沉浸在无比悲痛之中。北京天安门、新华门和全国人大常委会、国务院、全国政协、中央军事委员会、最高人民法院、最高人民检察院所在地,全国和各驻外机构,全都下半旗志哀,全国停止公共娱乐活动,以表达对四川汶川大地震遇难同胞的深切哀悼。

(节选自新闻节目)

20世纪,正从我们的视野中慢慢消失。对于中华民族来说,这是一个从屈辱走向自豪的世纪,眼泪与欢笑都在我们心间;这是一个从贫弱走向富裕的世纪,祈求与满足我们全都记忆犹新;这是一个从封闭走向开放的世纪,善良与宽容是我们永恒的情怀;这是一个从专制走向民主的世纪,呐喊与探寻是我们不变的性格;这是一个从分裂走向统一的世纪,战争与和平,我们曾历尽沧桑。

(节选自纪录片《百年中国》解说词)

朋友们,一个新的春天正走向我们,我们正在拥抱又一个崭新的春天!随着新春钟声的敲响,让我们把这新春最衷心最美好的祝愿播撒在祖国的大地上,播撒在中国人的心目当中。

(节选自 2007 年中央电视台春节联欢晚会主持词)

四、头腔共鸣训练

头腔共鸣需要一定气势、一定音高。播音时一般用不到头腔共鸣。使用头腔共鸣时,声音高亢、明亮,铿锵有力,这时我们会感到声音不是从嘴里发出的,而是从眉心透出的。

发 i、a 上滑音体会一下头腔共鸣。

五、共鸣控制综合训练

1. 寓言

杞人忧天

从前在杞国,有一个胆子很小又有点儿神经质的人,他时常会想到一些奇怪的问题,让人觉得莫名其妙。

有一天,他吃过晚饭以后,拿了一把大蒲扇坐在门前乘凉,自言自语地说:"假如有一天,天塌了下来,那该怎么办呢?我们岂不是无路可逃,而将活活地被压死,这不就太冤枉了吗?"从此以后,他几乎每天为这个问题发愁、烦恼。

朋友见他终日精神恍惚,脸色憔悴,都很替他担心,但当大家知道原因后,都跑来劝他:"老兄啊!你何必为这件事自寻烦恼呢?天空怎么会塌下来?再说即使真的塌下来,那也不是你一个人忧虑发愁就可以解决的啊,想开点儿吧!"

可是,无论人家怎么说,他都不相信,仍然时常为这个不必要的问题担忧。

后来人们就根据上面这个故事，引申成"杞人忧天"这句成语，意义在于唤醒人们不要为一些不切实际的事情而忧愁。

猴吃西瓜

猴王找到一个大西瓜，可是，怎么吃呢？这个猴啊，从来没有吃过西瓜。忽然，他想出了一条妙计，于是，把所有的猴都召集起来。

他清了清嗓子："今天，我找到了一个大西瓜。至于这西瓜的吃法嘛，我当然……当然是知道的。不过，我要考验一下大伙的智慧，看看谁能说出这西瓜的吃法。如果说对了，我可以多赏他一块。如果说错了，我可要惩罚他！"

大伙你看看我，我看看你，谁也没有吃过西瓜。

小毛猴眨巴眨巴眼睛，挠了挠腮说："我知道，吃西瓜是吃瓤！"

"不对！小毛猴说得不对！"秃尾巴猴跳了起来："我小的时候跟我妈去姥姥家，吃过甜瓜，吃甜瓜就是吃皮。我想，这甜瓜也是瓜，西瓜也是瓜，吃西瓜嘛，当然也是吃皮咯。"

这时候，大伙争执起来，有的说："吃西瓜吃皮！"有的说："吃西瓜吃瓤！"可争了半天，也没争出个结果，于是都不由地把目光集中到一只老猴的身上……

这老猴认为出头露面的机会来了，他将了将胡子，打扫了一下嗓子说："这吃西瓜嘛，当然……当然是吃皮咯。我从小就爱吃西瓜，而且……而且一直都是吃皮的。我想，我之所以老而不死，就是因为吃了这西瓜皮的缘故……"

大伙都欢呼起来："对！吃西瓜吃皮！""吃西瓜吃皮！"……

猴王认为找到了正确答案，他站起身来，上前一步，开言道："对！大伙说得对！吃西瓜是吃皮。哼！就小毛猴崽子一个人说吃西瓜吃瓤，那就让他一个人吃吧！咱们大伙，都吃西瓜皮！"

西瓜一刀两半,小毛猴吃瓤。大伙,是共分西瓜皮……

有个猴吃了两口,就捅了捅旁边的猴说:"哎,我说这可不是滋味啊!"

"咳,老弟,我常吃西瓜,西瓜嘛,就是这味……"

2. 散文

西风胡杨(片段)　潘岳

那曾经三十六国的繁华,那曾经狂嘶的烈马,腾燃的狼烟,飞旋的胡舞,激奋的羯鼓,肃穆的佛子,缓行的商队,以及那连绵万里直达长安的座座烽台……都已被那浩茫茫的大漠洗礼得苍凉斑驳。仅仅千年,只剩下残破的驿道,荒凉的古城,七八匹孤零零的骆驼,三五杯血红的酒,两三曲英雄逐霸的故亭,一支飘忽在天边如泣如诉的羌笛。当然,还剩下胡杨,还剩下胡杨簇簇金黄的叶,倚在白沙与蓝天间,一幅醉人心魄的画,令人震撼无声。

金黄之美,属于秋天。凡秋天最美的树,都在春夏时显得平淡。可当严冬来临时,一场凌风厉雨的抽打,棵棵绿树郁积多时的幽怨,突然迸发出最鲜活最丰满的生命。那金黄,那鲜红,那刚烈,那凄婉,那裹着苍云顶着青天的孤傲,那如悲如喜如梦如烟的摇曳,会使你在夜里借着月光去抚摸隐约朦胧的花影,会使你在清晨踏着雨露去感触沙沙的落叶。你会凝思,你会倾听,你会去当一个剑者,披着一袭白衫,在飘然旋起的片片飞黄与零零落红中遥遥劈斩,挥出那道悲凉的弧线。这便是秋树。如同我喜爱夕阳,唯有在傍晚,唯有在坠落西山的瞬间,烈日变红了,金光变柔了,道道彩练画出万朵莲花,整个天穹被泼染得绚丽缤纷,使这最后的挣扎、最后的拼搏,抛洒出最后的灿烂。人们开始明白它的存在,开始追忆它的辉煌,开始探寻它的伟大,开始恐惧黑夜的来临。这秋树与夕阳,是人们心中梦中的诗画。而金秋的胡杨,便是这诗画中的绝品。

胡杨,秋天最美的树,是一亿三千万年前遗留下的最古老的树种,只生在沙漠。全世界百分之九十的胡杨在中国,中国百分之九十的胡杨在新疆,新疆百分之九十的胡杨在塔里木。我去了塔里木。在这里,一边是世界第二大的32万平方公里的塔克拉玛干大沙漠,一边是世界第一大的3800平方公里的塔里木胡杨林。两个天敌彼此对视着,彼此僵持着,整整一亿年。在这两者中间,是一条历尽沧桑的古道,它属于人类,那便是丝绸之路。想想当时在这条路上络绎不绝、逶迤而行的人们,一边是空旷的令人窒息的死海,一边是鲜活的令人亢奋的生命;一边使人觉得渺小而数着一粒粒流沙去随意抛逝自己的青春,一边又使人看到勃勃而生的绿色去挣扎走完人生的旅程。心中太多的疑惑,使人们将头举向天空。天空中,风雨雷电,变幻莫测。人们便开始探索,开始感悟,开始有了一种冲动,便是想通过今生的修炼,而在来世登上白云,去了解天堂的奥秘。如此,你就会明白,佛祖释迦牟尼是如何从这条路上踏进中国的。

3. 诗歌

我爱这土地　　艾青

假如我是一只鸟,
我也应该用嘶哑的喉咙歌唱:
这被暴风雨所打击着的土地,
这永远汹涌着我们的悲愤的河流,
这无止息地吹刮着的激怒的风,
和那来自林间的无比温柔的黎明……
——然后我死了,
连羽毛也腐烂在土地里面。

为什么我的眼里常含泪水?
因为我对这土地爱得深沉……

4. 晚会主持

2018年央视春节联欢晚会主持词(片段)

任鲁豫:九州日升中国年,四海潮起报春来

李思思:中华儿女大拜年,共享欢乐新时代

尼格买提:中国中央电视台

朱　迅:中国中央电视台

康　辉:现场和电视机前的观众朋友们,正在通过央视网和央视新闻客户端收看直播的朋友们

任鲁豫:已经回家团聚和正在回家路上的朋友们

李思思:港澳台同胞以及全球的华人华侨朋友们

合:大家春节好!

尼格买提:您收看的是由中央电视台综合频道、综艺频道、中文国际频道、军事农业频道和少儿频道并机直播的2018年春节联欢晚会。

朱　迅:与此同时,中国国际电视台的英西法阿俄五个外语频道也将以摘播的方式在全球148个国家和地区的185个海外合作方落地播出。

康　辉:今年看春晚您可以参与红包和礼品互动,和您的家人朋友一起共享新春的快乐和幸运,同时,您还可以用手机收看春晚网络直播

任鲁豫:青山月明添新岁,万家灯火共除夕,今年的春晚我们在贵州黔东南、广东珠海、山东曲阜和泰安以及海南三亚设置了四个分会场,接下来,就让我们共同连线贵州黔东南分会场。

感动中国(片段)

感动中国组委会授予张丽莉的颁奖词:别哭,孩子,那是你们

人生最美的一课。你们的老师,她失去了双腿,却给自己插上了翅膀;她大你们不多,却让我们学会了许多。都说人生没有彩排,可即便再面对那一刻,这也是她不变的选择。

陈雨露:她播撒下的大爱种子,必将被无数的奔跑接力,从黑土地传向四面八方。只有教师心中有爱,孩子的世界才会绽放光芒!

孙　伟:危急时刻,她凭直觉挺身而出。那直觉的背后是最具魅力的纯正师德。

事　迹:

张丽莉:最美女教师

张丽莉,女,28岁。黑龙江省佳木斯市第十九中学初三(3)班班主任。

张丽莉出生在一个教育世家,2006年,她从哈尔滨师范大学毕业后,分配到佳木斯市第十九中学任教。

2012年5月8日,放学时分,张丽莉在路旁疏导学生。一辆停在路旁的客车,因驾驶员误碰操纵杆失控,撞向学生。危急时刻,张丽莉向前一扑,将车前的学生用力推到一边,自己却被撞倒了。

车轮从张丽莉的大腿碾轧过去,肉都翻卷起来,路面满是鲜血,惨不忍睹。被轧伤后,她有时清醒,有时昏迷,在送医院的途中,还对大家说:要先救学生。昏迷多天后,张丽莉醒来的第一句话是:"那几个孩子没事吧!"

经过抢救,张丽莉被迫高位截肢。她的亲人和医护人员都不敢想象她知道真相的后果会是怎样,但张丽莉很快接受了这个现实,还反过来安慰父亲说:"当时车祸的场景我还记得,很幸运,如果车轮从我的头碾过去,你们就看不到我了。我救了学生,也保住了命,今后一定会幸福的。"

第九单元　声音弹性训练

为了适应作品丰富的情感变化,为了使感情真挚动人,我们要增加声音的表现力和感染力,也就是说,我们的声音要具有伸缩性和可变性,这就是声音的弹性。

一、扩展音域训练

练习时,注意声音的高低、强弱、虚实、刚柔、厚薄、明暗等变化。

一是,a、i、u 由低向高滑动,再从高向低滑动。

窄音注意控制好口腔,加强气息控制,声音不能挤。

二是,a、i 绕音,螺旋式上绕、下绕练习。

声音低起,感觉像是一圈一圈绕着大圆柱往上爬,控制好气息,声音不要有喊叫的感觉。

三是,远距离对话练习,练习时可想象改变距离。

甲:喂——,喂——,小兰——。

乙:嗳——。

甲:快——来——呀——。

乙:什么事——呀——。

甲:咱们去看——电——影——。

乙:好——吧——。

二、加强声音对比训练

1. 热身训练

黑暗的旧中国,地是黑沉沉的地,天是黑沉沉的天。灾难深重的人民呵,你身上带着沉重的锁链,头上压着三座大山。你一次又一次地呼喊,一次又一次地战斗。可是啊,夜漫漫,路漫漫,长夜难明赤县天……

亲爱的同志啊!你可曾记得,在那战火纷飞的黎明,在那风雪弥漫的夜晚,我们是怎样地向往啊!向往着胜利的一天。

这一天终于来到了!看哪,人人挂着喜悦的眼泪,个个兴高采烈,流水发出欢笑,山冈也显得年轻,他们在倾听,倾听,倾听着这震撼世界的声音:中华人民共和国诞生了!中国人民从此站起来了!

(节选自大型音乐舞蹈史诗《东方红》解说词)

一个六七岁的姑娘,活灵活现地站在我的眼前了。

她疏眉细眼,故意眯缝着眼瞧我;小鼻子微微地朝上翘着,薄薄的两片小嘴唇因为忍住笑而紧闭着,两颗小酒窝儿,在那又红又结实的腮上陷得很深;大概是攀树的时候把手抓疼了,两只小小的胖手,使劲搓着——嘿,一副调皮、高傲的神气!

(节选自文艺节目)

14 时 37 分 19 秒,离陆地仅 16 米的战机突然嘭的一声巨响,飞行现场所有官兵的心为之一紧。坐镇塔台指挥的参谋长李国华敏锐地观察到一团火苗从战机右发动机尾部喷射而出。与此同时,叶江感到战机猛然一震,随之不停地剧烈抖动,手中的驾驶杆也变得越来越沉……

右发动机停车!飞行 2000 多小时的特级飞行员叶江头一次遇到如此超低高度的空中停车特情。但他没有丝毫慌乱,他知道处境越是危险越是要保持清醒。一旦处置不当,战机随时可能失去控制。

(节选自新闻节目)

2. 快板书

  打竹板,响连天。各位老师、同学、听我言:
  中华文化生生燃,博大精深最璀璨。
  炎黄为旗号华夏,龙凤为图汉字传。
  经史子集典章文,书本积淀不尽然。
  厚德载物通天地,薪火相传千万年。
  文化遗产要保护,经典诵读闯新路。
A:让我先来说:
  中华诗词传千年,经典诵读记心间。
  江山代有才人出,各领风骚数百年。
B:话当初:
  鸿蒙未辟宇宙荒,亿万斯年四极长。
  盘古开天浊清扬,天高地厚乾坤朗。
  日月经天星宿张,江河行地浩汤汤。
C:女娲补天日月光,夸父逐日血气张。
  精卫填海荡气肠,后羿射日功德量。
  神话故事意味长,民族精神积流光。
D:西周初年到春秋,诗文经典要牢记。
  诗三百篇抒胸臆,兴观群怨言志气。
  谦谦君子与淑女,一日不见三秋兮。
  雨雪霏霏杨柳依,行道迟迟载渴饥。
  乐而不淫止乎义,悠悠我思心藏之。
A:屈子行吟颠沛离,上下求索参天地。
  离骚九章金玉质,黄钟大吕沉绝丽。
  香草美人衔华实,怀瑾握瑜黄钟弃。

呵壁问天百交集,负石沉湘端午祭。
B:四书五经教识礼,为人处事须知义。
　　三字经,传文明。增广贤文百家姓。
　　此中深理君须听,世间哲理最澄清。
C:屈原虽然遭放逐,乃有离骚楚辞赋。
　　丘明劳累终失明,《左氏春秋》《国语》著。
合:有志者,事竟成。破釜沉舟,百二秦关终属楚。
　　苦心人,天不负。卧薪尝胆,三千越甲可吞吴。

3. 散文片段

　　语言不是木棍,语言是活生生的千年老树,盘根错节、深深扎根在文化和历史的土壤中。移植语言,就是移植文化和历史,移植价值和信念,两者不可分。殖民者为了更改被殖民者的价值观,统治的第一步就是让被殖民者以殖民者的语言为语言。香港和新加坡就这样成为英语的社会。英语娴熟,通晓英语世界的价值观与运作模式,固然使新加坡和香港这样的地方容易与国际直接对话,但是他们可能也要付出代价——文化的代价。英语强势,可能削弱了本土语言文化——譬如汉语或马来语——的发展,而英语文化的厚度又不足以和纽约或伦敦相提并论,结果可能是两边落空,两种文化土壤都可能因为不够厚实而无法培养出参天大树。

(节选自龙应台《在紫藤庐和星巴克之间》)

　　站在罗布泊边缘,会突然感到荒漠是大地裸露的胸膛,大地在这里已脱尽了外衣,露出自己的肌肤筋骨。站在罗布泊边缘,你能看清那一道道肋骨的排列走向,看到沧海桑田的痕迹,你会感到这胸膛里面深藏的痛苦与无奈。罗布泊还能重现往日的生机吗?我问自己。

　　此时此刻,我们停止了说笑。那一片巨大的黄色沙地深深地刺痛着我们的心,使我们个个心情沉重。30年在历史的长河中只是一瞬。30年前那片胡杨茂密、清水盈盈的湖面就在这瞬间从我们的眼中消失了。这出悲剧的制造者又是人!

(节选自吴刚《罗布泊,消逝的仙湖》)

4. 小说片段

事到临头,千钧一发之际,大青马突然异常镇静。它装着没有看见狼群,或是一副无意冲搅狼们聚会的样子,仍然踏着赶路过客的步伐缓缓前行。它挺着胆子,控着蹄子,既不挣扎摆动,也不夺路狂奔,而是极力稳稳地驮正鞍子上的临时主人,像一个头上顶着高耸的玻璃杯叠架盘的杂技高手,在陈阵身下灵敏地调整马步,小心翼翼地控制着陈阵脊椎中轴的垂直,不让他重心倾斜失去平衡,一头栽进狼阵。

(节选自姜戎《狼图腾》)

他一动不动地仰面躺着,现在,他能够听到病狼一呼一吸地喘着气,慢慢地向他逼近。它愈来愈近,总是在向他逼近,好像经过了无穷的时间,但是他始终不动。它已经到了他耳边。那条粗糙的干舌头正像砂纸一样地摩擦着他的两腮。他那两只手一下子伸了出来——或者,至少也是他凭着毅力要它们伸出来的。他的指头弯得像鹰爪一样,可是抓了个空。敏捷和准确是需要力气的,他没有这种力气。

(节选自杰克·伦敦《热爱生命》)

5. 主持词片段

今天是立春,是二十四节气之首,标志着新的一年开始了。而我们国家作为农业大国,这一天在南方也代表着一年春耕的开始。毫无疑问立春这个节气是非常有讲究的。

　　立春,也叫农民节,标志着一年农业生产的开始,在过去也有"立春大于年"的官方说法。古时立春这天,人们要赶牛上街,一路去朝拜天子。牛腹里装满五谷粮食,百姓可以打牛取种子耕地,所以这天也叫打春。而按照民俗传统,立春这天对吃食是非常有讲究的,其中北方盛行吃萝卜,也称为咬春。

(节选自社会生活节目)

　　说起王府井,那真是鼎鼎大名。这条街最早形成于元代,至今已有 700 多年的历史,在当年这里就是一处商业的集散之地。现如今的王府井已经成为一条充满现代气息,高品位、高标准的国际化中心商业点,百货大楼、新东安市场、外文书店、丹耀大厦、工美大楼、盛锡福、同升和、瑞蚨祥、吴裕泰、东来顺、全聚德等,这一个个错落有致的百年老店仍然焕发着当年的气息,使这条老街散发出古今并存的迷人魅力。

(节选自旅游节目)

6. 诗歌

我也是个西北人(改编)　李琦

天山上的冰达坂壮丽吧,
可它不好爬。
塔克拉玛干大漠里有油吧,
可它不好挖。
陇西的汉子人豪爽吧,
为了吃水总是打架。
青藏高原唱出来的那可真是美啊,
可为什么走了几百里都看不到人家?
都说九曲黄河"富宁夏",

可为什么还有那弥天遮日的漫漫黄沙!
凤凰山的宝塔还巍巍耸立,
可是延河的水都干啦!

大西北啊,好我的大西北啊!
那里的石油敢跟中东比高下,
不走青藏高原怎么能登上珠穆朗玛!
那里穷这谁都知道,
可是卫星从这里上天,
"两弹"在这里爆炸!
土地是贫瘠了一些,
可是人气旺啊,
安塞腰鼓的雄风威震天下!

大西北啊,好我的大西北啊!
我也是个西北人,西北有我的家,
我在那里出生,我在那里长大!
四十年前支援大西北,
那里就迎接过各路精英大侠!
在茫茫的人海里就有我的爸爸、妈妈……
你们看看他们现在已经满头白发!

可是,大西北还年轻,
大西北还年轻啊!
还等着我们去建设,
还等着我们去开发!
全世界都在注视着中国的西部,
只有西部富了,
那才是中国的强大!
只有西部富了,
那才是堂堂大中华!

7. 篇章

紫禁城(片段)

　　看到这样的一组建筑物,很多人都会脱口而出,这是故宫。也可能会有人说,这是紫禁城,这是故宫博物院。这样的说法都对,紫禁城、故宫、故宫博物院,这些名字的演变,道出了它的历史变迁。

　　紫禁城屹立在北京城的正中心,已经有580多年的历史了。人们对它的印象半似清晰,半觉朦胧,虽然人们已经习惯了它的存在,但常常还会有人问起,它的名字为什么叫紫禁城呢?

　　文化部副部长、故宫博物院院长郑欣淼道出其中的缘由:"中国古代星象学认为紫微垣星座位于中间,是天帝所在的地方,皇帝号称天子,他所住的皇宫就比喻为紫微垣。又由于皇宫门禁重重,警卫相当森严,所以它就被称为紫禁城。"

　　紫禁城像传说中的紫宫一样,始终笼罩着一层神秘的色彩。从公元15世纪初,明、清两朝的24个皇帝曾经在这里统治全国、生活居住。他们是明朝的14位皇帝和清朝的10位皇帝。

　　紫禁城里没有一个人走动,没有一丁点儿声音,然而,人们还是可以从这里想象出皇帝在位时,那鼓乐齐鸣、刀弓林立、金甲逼人的森严场面。一切是那么辉煌庄严,气势磅礴。然而,似乎从什么地方,隐隐约约传来一声声哀怨。

　　大约过了500年,在公元1911年爆发了辛亥革命。辛亥革命推翻了清政府,结束了中国两千多年的封建君主专制。辛亥革命,震动了全世界,也改变了紫禁城的命运。1912年2月12日,清朝的隆裕皇太后被迫宣布清末代皇帝6岁的溥仪退位。

　　后来紫禁城被收归国有,紫禁城不再是皇权统治的地方,这时的它又有了一个新的名字:故宫。

(节选自央视《探索·发现》节目解说词)

第十单元 嗓音保护与不正确用声纠正

一、播音用声要求

稿件内容多种多样,需要用不同的声音色彩来处理,播音员主持人的嗓音必须有一定的可塑性。字音要标准规范,清晰流畅。声音要朴实大方,变化自如。这些都需要播音员主持人掌握科学的用声状态。

播音员主持人在气息控制、共鸣控制、口腔控制的基础上,要达到宽厚、圆润、响亮的用声效果。

二、嗓音与情、声、气的关系

在播音中,情取其高,声取其中,气取其深。播读稿件、主持栏目、主持晚会、主持大会用声强度都比较大,是生理、心理、物理三方面作用的结果。有人嗓子坏了,并非真的发生了病变,而是心理性的发声障碍,精神过度紧张,导致大脑对声带控制失调;也有的是因环杓关节发炎,关节活动不正常,喉肌运动弱,或者身体其他部位有病变,也直接影响发声质量。

过度紧张可能造成不正确的发声状态,发音时,不是下巴用力、嗓子喊,就是胸部紧得如绳捆。这种发声状态导致发出的声音挤、捏、窄、不亮、不圆,不符合播音要求的高音不喊,低音不散。

要注意情、声、气的配合，气息控制要匀称自如，上下贯通。声音要富有弹性。情是内涵，声是形式，声为传情而发。情动于内，声发于外。情、声、气巧妙结合，使高音圆润、结实而富有光彩，低音深厚、浓郁而不压抑。

三、几种嗓音病理现象

早晨声音哑，下午良好的多为炎症；早晨声音良好，晚上声哑的多为疲劳。练声时，一开始音哑，念一会儿嗓音好转的多为炎症；开始好，念着念着就哑了的，多为疲劳。

一是，高音困难：多为声带前 1/3 处有小结病变，妨碍声带闭合。

二是，破音：发高音、念去声，声音易劈，主要原因是气息控制不好或声带上有黏稠分泌物。

三是，高低音结合不好，音不准，唱歌走调：一方面是音准差，另一方面是声带闭合肌肉群与声门下气压之间平衡失调。慢性喉炎也会高低音结合不好。

四是，声音嘶哑、发沙：多为声带慢性病变，声带闭合不好，发音时声带有间隙。此时如果练声不当，喉炎会更重。

声音嘶哑与肺、肾关系密切，肺为声音之门，肾为声音之根。

局部淤血、咽炎、喉炎、声带充血、声带水肿、声带小结、声带突起或增厚等病症都应及时治疗。如果是由其他病引起的，要积极治疗其他病。

四、嗓子的保护方法

一是，坚持锻炼身体，使用正确方法坚持练声，循序渐进。

二是，练声时，声音从小到大，从近到远，从弱到强，从低到高，避免一开始就大喊大叫，损伤声带。

三是，注意劳逸结合，要有足够的睡眠。

四是，生病时，暂时禁声，这时声带黏膜增厚，易产生病变。

五是，变声期、妇女月经期、鼻、咽、声带充血时，禁练。

六是，尽量少食刺激性食物，烟酒过量、咽干舌燥、过油食品也易生咽炎。辣椒、甜黏、冷热强刺激后嗓子也会病变。

七是，每天坚持用淡盐水或用复方硼砂溶液漱口，可消除炎症，保护嗓子。

八是，蒸气吸入，用药或用茶水，效果都很好。

九是，中药可用胖大海加冰糖，其他如清音丸、喉症丸、六神丸、铁笛丸、草珊瑚含片。西药可用杜灭芬、含碘喉片，还有"金嗓灵"等药物。

十是，保护嗓子和训练嗓子同等重要。

播音员主持人要经常检查嗓子，有病及时就医、治疗。

五、常见的不正确发声方法及其纠正

1. 喉音

音色：声音闷在了喉咙里。生硬、沉重、弹性差。

产生原因：这是由于气息短浅，上胸部紧张，同时舌根用力，后声腔开得过大，喉部被撑大，声音停留在喉咽部振动的结果。由于声音停留在喉咽部出不来，也得不到口腔的全面共鸣，声音似闷在喉咙里，使声带负担过重。这样容易导致嗓音疲劳，时间长了就会产生病变。

解决办法：一是，舌头的活动部位要正确。舌头的活动部位主要在舌尖及舌的中部。一般是舌尖轻抵下齿背，放松舌根、下颚，喉咙保持松弛状态。

二是，两肩放松，调整好呼吸。发音时，头不要压低，气息要有一定的深度。改变音波在口腔中的走向，使它轻轻上提，顺软腭、硬腭的中纵线到达硬腭前端。

三是，用张口吸气或"半打哈欠"的感觉体会喉咙、舌根、下颚放松的感觉。这时由于软腭上提，口腔后部声音的道路畅通无阻，因而也会得到口腔共鸣，喉部的负担相对减少。

四是，练声中加强唇舌的力量。练习双唇音及舌尖音 b、p、m、d、t、n、l 和韵母相拼的音节。重点练习 bí(鼻)、pī(劈)、mī(咪)、dī(滴)、tī(梯)、nī(妮)、lī(哩)，还可练习 jī(机)、qī(期)、xī(昔)、nǔ(女)、lǔ(吕)、jū(居)、qū(区)、xū(需)。练习时要结合前几条的要求来练。

五是，词组练习。

翡翠(fěi cuì)　　**翠绿**(cuì lǜ)　　**明快**(míng kuài)
班长(bān zhǎng)　**棉花**(mián huā)　**全家**(quán jiā)
站立(zhàn lì)

六是，选择短诗练习。在练声中可选择"言前、乜斜、一七、灰堆"等辙口的短诗以及古典诗词来练习。如李白的诗《早发白帝城》。

2. 捏挤

音色：单薄、发扁，声音似从口腔挤出。

产生原因：这是由于舌根下压或舌根僵硬，使得喉咙捏紧，使声音的道路闭塞，声音在咽喉腔没有得到共鸣，因而也就难以引起口腔的共鸣。此时软腭放得太低，口腔不开，也使得发音器官的肌肉失去了灵活性。另外，也存在主观上追求"亮音"，产生明亮、靠前的效果，结果使喉头自然吊高升起，产生了捏挤。这种声音发白发亮，缺乏圆润、饱满的色彩，是一种没有气息支持的无光彩的声音。它不仅影响声音的质量，还影响用声人员的音域扩展，使之很难适应各类作品不同色彩的用声要求。这种捏挤出来的声音，也会使声带的负担加重，声带的活动范围受到限制。如果进一步追求音量，很容易损坏嗓子，这种方法影响"播音寿命"。

解决办法：一是，改变不正确的呼吸方式。采用胸腹联合式呼吸法,气息要有一定的深度。

二是,发音时要自然张口,尤其注意下颚要松弛,抬起软腭,放松牙关,这样喉咙才能打开,后声腔也就打开了。用这种状态柔和地发一个延长的u,然后带发其他几个主要元音。如:u—uɑ—ɑ—o—e—i—u—ü。

三是,练习"普通话语音音节表"中声母与开口呼韵母、合口呼韵母相拼的音节。这样练习的目的是增加口腔的开度。发音时注意"韵腹"的拉开立起。

bā(巴)　　pá(爬)　　dā(搭)　　tā(他)　　bāng(邦)
dāng(当)　zhāng(张)　chāng(昌)　shāng(商)　bù(布)

四是,四字词练习。

中国伟大 zhōng guó wěi dà
天然宝藏 tiān rán bǎo zàng
鸟语花香 niǎo yǔ huā xiāng
惊涛骇浪 jīng tāo hài làng
喜笑颜开 xǐ xiào yán kāi
翻江倒海 fān jiāng dǎo hǎi

五是,夸大的三声字练习。

好(hǎo)　　**美**(měi)　　**满**(mǎn)　　**想**(xiǎng)
仰(yǎng)　**场**(chǎng)　**请**(qǐrg)　**跑**(pǎo)

六是,练习"发花、江扬、姑苏"等辙口的诗词。

3. 鼻音

音色:暗淡、枯涩。听起来像感冒声,从鼻中发出的堵塞的声音。

产生原因:一是,由于口腔开度不够,软腭无力地塌下,此时舌中部抬起阻挡了咽腔与口腔的通路,气流不能全部从口腔流出,致使部分气流进入鼻腔,从而失去部分口腔共鸣,发出鼻音音色。二是,主观上有意追求声音的明亮,把字音的着力点放在了鼻腔中，从而混淆了鼻音与鼻腔共鸣的区别。三是，图省事、绕近道，将大部分元音鼻化后与鼻韵尾同时发出。这样的发音方法忽视了语音的规范，字音也不清晰，给听众、观众造成听觉上的困难。

解决办法： 一是，关闭鼻腔通路。用半打哈欠的感觉将软腭提起，放松舌根、牙关，让后声腔的开度加大，关闭鼻腔通路。

二是，用上述感觉发6个单元音的延长音。发这6个音时，注意字音的着力部位在硬腭前部。发音总的趋向是下行的感觉。

三是，将16个鼻韵母中的主要元音与鼻韵尾做拆合练习。练习时先发准主要元音，然后再发鼻韵尾，再把它们合并来发。

a—n—an　　　a—ng—ang　　　i—a—n—ian　e—ng—eng
u—a—n—uan　i—a—ng—iang　ü—a—n—üan　i—ng—ing
e—n—en　　　o—ng—ong　　　u—e—n—uen　u—a—ng—uang
ü—n—ün　　　u—e—ng—ueng

四是，音节练习。

yā(鸭)　　　yē(椰)　　　yāo(腰)　　　yōu(优)
wāi(歪)　　　jiā(家)　　　jiū(究)　　　qiā(掐)
qiū(秋)　　　xiā(虾)　　　xiū(休)　　　biāo(标)
piāo(飘)　　　biē(憋)　　　piē(撇)　　　bāi(掰)
pāi(拍)　　　gāi(该)　　　kāi(开)　　　hāi(嗨)
zhuāi(拽)　　chuāi(揣)　　shuāi(衰)

五是，发"吭"声练习。挺软腭，关闭鼻咽通道，突然打开鼻咽通道发"吭"(kēng)声。

六是，注意少练的几种音节。有鼻音的人初练声时应该少练声母m、n开头的音节和n、ng结尾的音节。

4. 闷暗

音色： 沉闷、缺少光泽(亮度)。

产生原因： 这是由口腔肌肉松散无力或牙关不开，音波在口腔中得不到充分共鸣所引起的。发出的声音靠后,同时字音也不清楚,似在口腔内滚动,给听众有声无字的感觉。

解决办法:一是,加强字音出字功夫的练习,也就是"喷口"的练习。发字头时,成阻部位一定要有力地弹出,只有绷紧口腔软壁的肌肉才能做到。21个声母要重点练习,同时还要与开、齐、合、撮四呼结合起来练习,以全面锻炼口腔。

二是,双唇音 b、p、m 与开口呼韵母相拼的音节练习。这种练习可以锻炼唇舌的力度和口腔的开合度。练习时速度要慢,出字要有力,韵腹要拉开立起,收好字尾。

b—ang—bāng(帮)　　p—ang—páng(旁)
m—ang—máng(忙)　　b—ai—bái(白)

三是,在练习中应把握声母、韵母的正确发音部位,同时还要注意发部位靠后的声母、韵母时应有往前送的意识。在不影响音色的前提下,发音部位往前移。如声母 g、k、h 和韵母 ua、uo 等相拼时,后音前发,否则声音会闷暗。

四是,练习"普通话语音音节表"中声母与齐齿呼韵母相拼的音节。练习时注意"窄音宽发"。在不影响元音音色的条件下,声腔的开度稍大一些,以增加口腔共鸣成分。练习"发花、一七、言前"等辙口的诗词。

五是,四字词练习。

花红柳绿 huā hóng liǔ lǜ

锦绣河山 jǐn xiù hé shān

山明水秀 shān míng shuǐ xiù

心明眼亮 xīn míng yǎn liàng

六是,绕口令练习。

民兵排,选标兵,六班的标兵,七班的标兵,八班的标兵,评比台前比先进,比比看谁更先进,选拔八名全排标兵上北京。

5. 发散

音色:单薄,从口腔散出,缺少口腔共鸣,无亮度、力度。

产生原因：这是由发音时前声腔开得过大，失去了一部分口腔共鸣引起的。声音给人无控制、不集中的感觉。

解决办法：应从加强双唇及舌头肌肉力量开始，注意牙关松弛，后声腔打开。

一是，注意口腔前部的控制。尤其发开口呼韵母 a、ai、ao、an、ang 等时，a 要发得圆一点、小一点。

二是，声音集中练习。连发 ba、da、ga、ta、ka 两组音节，发音时要有意识地集中于一点发，似子弹从嘴里喷射出去，击中一个目标。注意结合气息，音波要通过硬腭前端送出。

三是，声母、韵母拆合练习。发双唇音 b、p 时，满口紧张，发得响亮、集中，练习时应把气息控制好。

b—a—ba　　　p—a—pa
b—ai—bai　　p—ai—pai
b—an—ban　　p—an—pan

四是，象声词练习。

吧嗒嗒　　滴溜溜　　咕隆隆　　噼啪啪

哗啦啦　　咣啷啷　　乒乓乓　　唰啦啦

五是，两字词练习。

澎湃　　冰雹　　碰壁　　玻璃　　烹调

蓬勃　　喷泉　　批评　　拍打　　爆竹

六是，加强"合口、撮口"音的练习。

姑（gū）　　　瓜（guā）　　乖（guāi）　　官（guān）

光（guāng）　吕（lǚ）　　　区（qū）　　　圈（quān）

宣（xuān）　　军（jūn）

芜湖徐如玉

芜湖徐如玉，出去屡次遇大雾。
曲阜苏渔庐，上路五度遇大雨。

6. 喊叫

音色：顾名思义，是一种喊叫的声音，尖锐、刺耳、粗糙。

产生原因：这是由盲目追求高音量造成的。另外，吸气部位浅，舌根、颈部、下颚肌肉紧张，喉咙被卡紧。因缺少喉部共鸣，致使声音失去了其他腔体的共鸣，发出的字音也不清楚。

解决办法：一是，调整好呼吸。吸气部位要深，加强呼气的控制。将咽喉腔放松，注意软腭提起，舌根及下颚要松弛。

二是，不可加强音高。无论发什么声音，加大音量时不可加强音高，使声音的走向向低宽发展。

三是，从自然的中声区发六个主要元音的延长音。练习时注意起音要柔和，声音通过字音的着力点硬腭前端发出。

四是，平时多练一些柔和色彩的诗词、民歌、短句、字词。

山河美丽 shān hé měi lì

风调雨顺 fēng tiáo yǔ shùn

山明水秀 shān míng shuǐ xiù

花红柳绿 huā hóng liǔ lǜ

7. 虚声

音色：发虚，小声小气的声音，有时在换气时带有一种明显的呼气声。

产生原因：虚声是一种故意破坏口腔共鸣的声音。它的特点是声音发糠，松散无力，音质发虚，听起来声少气多。这是由于声带过于松弛，声带的挡气量小，而且与口咽等共鸣腔配合不紧密，因而推不动气流，产生不了共鸣。声带与气流失去了对抗作用，呼气的力量大，气息短浅，浪费很多，声带的消耗要比正常的消耗大许多倍。长期使用这种发声方法，声带的弹性会逐渐减弱。这种声音的音域窄，即使努力去扩大音域，效果也不会明显。有时虚声作为变化的技巧为特定的情境服务，但是要运用适度。

如盲目滥用，就会给人一种矫揉造作、无病呻吟的感觉。

解决办法：一是，建立实声意识。意识上要明确播音用声是以口腔共鸣为主的实声。

二是，注意发音部位的锻炼。在练习中加强声母、韵母发音部位的锻炼，增加口腔共鸣的练习。

三是，合理使用声带。拉紧声带，可以避免气息冲击或漏气。

四是，练习一些力度较大的词组或诗词、绕口令。

百炼成钢 bǎi liàn chéng gāng

波澜壮阔 bō lán zhuàng kuò

壁垒森严 bì lěi sēn yán

翻江倒海 fān jiāng dǎo hǎi

第十一单元 科学练声

一、练声的目的

通过发声和普通话语音的练习,可以掌握正确的发音部位和自如的发声方法;调节运用好共鸣,逐步扩大音域,增强发声器官的适应能力,使其满足艺术语言的需要;建立正确的发声习惯,提高声音素质,为演播各种类型的作品打下雄厚的声音基础。练声是对用声习惯的改进与完善,在生活口语的用声状态基础上提高和完善发声能力,改变不良的发声习惯。

二、练声的原则

播音主持发声训练应精神振奋、情绪饱满,这是取得良好效果的前提之一。发声前要做好心理调适,避免过于紧张或松懈。精神过于紧张,发音器官会处于一种僵硬的状态;过于松懈,发音器官的积极性调动不起来。

播音主持发声训练要有规律地进行,不要急于求成。支配各种器官的肌肉需要经过大脑神经的不断调节,才能达到理想的效果。

播音主持发声训练最好在屋外进行,这样可以听到自己真实的声音,每天至少20分钟。

练声时,从中声区开始,音量要适中,逐渐向高音、低音拓展。

发声练习要循序渐进。开始时应慢、轻、柔,这样有利于保护声带,也可避免发声错误导致的其他伤害。

三、练声的内容

练声程序应是先练气后发声,先弱声后强声;练声强度是渐进的,第一步解决气的问题,第二步解决声的问题,第三步解决吐字问题,第四步解决声音色彩问题。从具体的训练过程来看,按照先分解、后综合的程序进行。

一是,口部操,锻炼唇、齿、舌、腭各部分的力度以及彼此的配合。有针对性地对唇、舌进行单项训练。

二是,单元音 a、i、o、e 的延长发音,体会小腹的感觉,练习气息。

三是,吐字练习,训练对于字头、字腹、字尾的把握。

四是,绕口令练习,训练唇舌的配合以及灵活度,练习吐字归音、气息、口腔控制等多种技能。

五是,篇章练习,既可锻炼声音的可塑性,又可继续解决发声、吐字中所存在的问题,注意整体把握,做到感情与声音、吐字、气息的结合。

四、练声的时间

练声最好在早上,因为早晨系统进行了发声、气息、吐字等各层次的训练后,可以用良好的用声状态引领全天的发声,强化正确的发声状态。在练声过程中,要锻炼自己对声音的听辨能力。除了注意透彻领悟发声理论,还要注意辨别发声状态的正确与否。

在练声初期,单纯技能练习有了一定的基础之后,可以对句子、短诗、古典诗词等多加练习,既可锻炼声音的可塑性,又可继续解决发声、吐字中存在的问题。经过一段时间的练习后,声音的问题基本解决了,就可选择豪放、舒展、严肃、庄重、热情、明快、愤怒、抑郁等具有不同感情色彩的段子,来锻炼声音的适应性、可塑性。在做这样的综合练习时,除了注意基本技能的要求外,还应借助丰富的内容,用形象思维来丰富自己的内在情感。

第三编
综合运用篇

语音发声的综合运用是对前面所学方法的整体驾驭能力的训练,有别于前面局部控制的训练。它是语音发声各个局部控制相互协调的训练,是各分解动作的综合演练。正因为有了不同层面的训练,我们的发音能力才得以提高。综合运用是播音发声能力由控制性逐步向自如性过渡的阶段。综合运用的训练强调的是综合能力、整体效果。在具体练习中要及时发现自己语音发声的不足,适时调整训练方法,强化局部控制的成果,做到"缺什么补什么,欠什么练什么"。

训练要求:一是,声韵调准确,并符合语调的要求。

二是,发声状态、气息、口腔、共鸣要有一定的控制能力,声音要有弹性的变化。

三是,深入理解内容,加强感受。要做到有感而发,用情真实、自然,表达流畅。

四是,要以情带声,以声传情,声情并茂。

第十二单元　诗歌类

诗歌的特点是：语言精练、内容丰富、含意深邃和节奏感强。在朗诵诗歌作品时应该根据内容来创作，或热情奔放，或真挚深沉，或舒缓轻快。

一、古诗词

1. 格律诗

格律诗文字工整，节奏感强，需要把握好语节，使语意清晰完整；古体诗语言凝练，意境深远，内涵丰富。表达时，要在对内容深入挖掘和充分理解的基础上，将每一个音节发得夸张和舒展，讲究吐字归音。

（1）五言诗

江上渔者　〔宋〕范仲淹

江上往来人，但爱鲈鱼美。
君看一叶舟，出没风波里。

寻隐者不遇　〔唐〕贾岛

松下问童子，言师采药去。
只在此山中，云深不知处。

梅花 〔宋〕王安石

墙角数枝梅,凌寒独自开。
遥知不是雪,为有暗香来。

竹里馆 〔唐〕王维

独坐幽篁里,弹琴复长啸。
深林人不知,明月来相照。

送灵澈上人 〔唐〕刘长卿

苍苍竹林寺,杳杳钟声晚。
荷笠带斜阳,青山独归远。

相思 〔唐〕王维

红豆生南国,春来发几枝。
愿君多采撷,此物最相思。

逢雪宿芙蓉山主人 〔唐〕刘长卿

日暮苍山远,天寒白屋贫。
柴门闻犬吠,风雪夜归人。

绝句 〔唐〕杜甫

迟日江山丽,春风花草香。
泥融飞燕子,沙暖睡鸳鸯。

旅夜书怀 〔唐〕杜甫

细草微风岸,危樯独夜舟。
星垂平野阔,月涌大江流。
名岂文章著,官应老病休。
飘飘何所似,天地一沙鸥。

赋得古原草送别　〔唐〕白居易

离离原上草,一岁一枯荣。
野火烧不尽,春风吹又生。
远芳侵古道,晴翠接荒城。
又送王孙去,萋萋满别情。

春夜喜雨　〔唐〕杜甫

好雨知时节,当春乃发生,
随风潜入夜,润物细无声。
野径云俱黑,江船火独明。
晓看红湿处,花重锦官城。

(2) 七言诗

望天门山　〔唐〕李白

天门中断楚江开,碧水东流至此回。
两岸青山相对出,孤帆一片日边来。

墨梅　〔元〕王冕

我家洗砚池头树,朵朵花开淡墨痕。
不要人夸好颜色,只留清气满乾坤。

山行　〔唐〕杜牧

远上寒山石径斜,白云生处有人家。
停车坐爱枫林晚,霜叶红于二月花。

绝句　〔唐〕杜甫

两个黄鹂鸣翠柳,一行白鹭上青天。

窗含西岭千秋雪,门泊东吴万里船。

望庐山瀑布 〔唐〕李白

日照香炉生紫烟,遥看瀑布挂前川。
飞流直下三千尺,疑是银河落九天。

回乡偶书 〔唐〕贺知章

少小离家老大回,乡音无改鬓毛衰。
儿童相见不相识,笑问客从何处来。

无题 〔唐〕李商隐

相见时难别亦难,东风无力百花残。
春蚕到死丝方尽,蜡炬成灰泪始干。
晓镜但愁云鬓改,夜吟应觉月光寒。
蓬山此去无多路,青鸟殷勤为探看。

游山西村 〔宋〕陆游

莫笑农家腊酒浑,丰年留客足鸡豚。
山重水复疑无路,柳暗花明又一村。
箫鼓追随春社近,衣冠简朴古风存。
从今若许闲乘月,拄杖无时夜叩门。

2. 古体诗

登幽州台歌 〔唐〕陈子昂

前不见古人,后不见来者。
念天地之悠悠,独怆然而涕下。

敕勒歌 北朝民歌

敕勒川,阴山下。

天似穹庐,笼盖四野。
天苍苍,野茫茫。
风吹草低见牛羊。

游子吟 〔唐〕孟郊

慈母手中线,游子身上衣。
临行密密缝,意恐迟迟归。
谁言寸草心,报得三春晖。

观沧海 〔汉〕曹操

东临碣石,以观沧海。
水何澹澹,山岛竦峙。
树木丛生,百草丰茂。
秋风萧瑟,洪波涌起。
日月之行,若出其中。
星汉灿烂,若出其里。
幸甚至哉,歌以咏志。

将进酒 〔唐〕李白

君不见,黄河之水天上来,奔流到海不复回。
君不见,高堂明镜悲白发,朝如青丝暮成雪。
人生得意须尽欢,莫使金樽空对月。
天生我材必有用,千金散尽还复来。
烹羊宰牛且为乐,会须一饮三百杯。
岑夫子,丹丘生,
将进酒,杯莫停。
与君歌一曲,请君为我倾耳听。
钟鼓馔玉不足贵,但愿长醉不复醒。
古来圣贤皆寂寞,惟有饮者留其名。

陈王昔时宴平乐,斗酒十千恣欢谑。
主人何为言少钱,径须沽取对君酌。
五花马,千金裘,
呼儿将出换美酒,与尔同销万古愁。

白雪歌送武判官归京　〔唐〕岑参

北风卷地白草折,胡天八月即飞雪。
忽如一夜春风来,千树万树梨花开。
散入珠帘湿罗幕,狐裘不暖锦衾薄。
将军角弓不得控,都护铁衣冷难著。
瀚海阑干百丈冰,愁云惨淡万里凝。
中军置酒饮归客,胡琴琵琶与羌笛。
纷纷暮雪下辕门,风掣红旗冻不翻。
轮台东门送君去,去时雪满天山路。
山回路转不见君,雪上空留马行处。

茅屋为秋风所破歌　〔唐〕杜甫

　　八月秋高风怒号,卷我屋上三重茅。茅飞渡江洒江郊,高者挂罥长林梢,下者飘转沉塘坳。
　　南村群童欺我老无力,忍能对面为盗贼,公然抱茅入竹去。唇焦口燥呼不得,归来倚杖自叹息。
　　俄顷风定云墨色,秋天漠漠向昏黑。布衾多年冷似铁,娇儿恶卧踏里裂。床头屋漏无干处,雨脚如麻未断绝。自经丧乱少睡眠,长夜沾湿何由彻?
　　安得广厦千万间,大庇天下寒士俱欢颜,风雨不动安如山!呜呼!何时眼前突兀见此屋,吾庐独破受冻死亦足!

木兰辞　北朝民歌

　　唧唧复唧唧,木兰当户织。不闻机杼声,惟闻女叹息。问女何所思,问女何所忆,女亦无所思,女亦无所忆。昨夜见军帖,可汗大点兵。军书十二卷,卷卷有爷名。阿爷无大儿,木兰无长兄。愿为市鞍马,从此替爷征。

东市买骏马,西市买鞍鞯,南市买辔头,北市买长鞭。旦辞爷娘去,暮宿黄河边。不闻爷娘唤女声,但闻黄河流水鸣溅溅。旦辞黄河去,暮至黑山头,不闻爷娘唤女声,但闻燕山胡骑鸣啾啾。

万里赴戎机,关山度若飞。朔气传金柝,寒光照铁衣。将军百战死,壮士十年归。

归来见天子,天子坐明堂。策勋十二转,赏赐百千强。可汗问所欲,木兰不用尚书郎,愿驰千里足,送儿还故乡。

爷娘闻女来,出郭相扶将;阿姊闻妹来,当户理红妆;小弟闻姊来,磨刀霍霍向猪羊。开我东阁门,坐我西阁床。脱我战时袍,著我旧时裳。当窗理云鬓,对镜帖花黄。出门看火伴,火伴皆惊忙。同行十二年,不知木兰是女郎。

雄兔脚扑朔,雌兔眼迷离;双兔傍地走,安能辨我是雄雌?

3. 词

抒情是词作的主要表现内容,无论怀古幽思还是悲情愁绪,分量都相当浓厚,因此要仔细挖掘词内在的情感,了解相关的典故,才能恰当地表情达意。可以通过对语速的控制来把握上、下阕的衔接与转换。

生查子·元夕 〔宋〕欧阳修

去年元夜时,花市灯如昼。
月到柳梢头,人约黄昏后。
今年元夜时,月与灯依旧。
不见去年人,泪满春衫袖。

青玉案·元夕 〔宋〕辛弃疾

东风夜放花千树。更吹落、星如雨。宝马雕车香满路。凤箫声动,玉壶光转,一夜鱼龙舞。

蛾儿雪柳黄金缕。笑语盈盈暗香去。众里寻他千百度。蓦然回首,那人却在,灯火阑珊处。

江城子·乙卯正月二十日夜记梦 〔宋〕苏轼

十年生死两茫茫,不思量,自难忘。千里孤坟,无处话凄凉。纵使相逢应不识,尘满面,鬓如霜。

夜来幽梦忽还乡,小轩窗,正梳妆。相顾无言,惟有泪千行。料得年年肠断处,明月夜,短松岗。

声声慢 〔宋〕李清照

寻寻觅觅,冷冷清清,凄凄惨惨戚戚。乍暖还寒时候,最难将息。三杯两盏淡酒,怎敌他、晚来风急。雁过也,正伤心,却是旧时相识。

满地黄花堆积。憔悴损,如今有谁堪摘?守着窗儿,独自怎生得黑?梧桐更兼细雨,到黄昏、点点滴滴。这次第,怎一个愁字了得!

相见欢 〔五代〕李煜

无言独上西楼,月如钩。寂寞梧桐深院锁清秋。
剪不断,理还乱,是离愁。别是一般滋味在心头。

虞美人 〔五代〕李煜

春花秋月何时了?往事知多少。小楼昨夜又东风,故国不堪回首月明中。

雕栏玉砌应犹在,只是朱颜改。问君能有几多愁?恰似一江春水向东流。

念奴娇·赤壁怀古 〔宋〕苏轼

大江东去,浪淘尽、千古风流人物。故垒西边,人道是、三国周郎赤壁。乱石穿空,惊涛拍岸,卷起千堆雪。江山如画,一时多少豪杰。

遥想公瑾当年,小乔初嫁了,雄姿英发。羽扇纶巾,谈笑间、樯橹灰飞烟灭。故国神游,多情应笑我,早生华发。人生如梦,一樽还酹江月。

4. 文言文

文言文字少意深、音单意广。朗读时不宜变化悬殊,应该平稳舒缓、从容深沉,而且根据感情的需要来拓展词语,尤其是语助词要适当延长。

陋室铭 〔唐〕刘禹锡

山不在高,有仙则名。水不在深,有龙则灵。斯是陋室,惟吾德馨。苔痕上阶绿,草色入帘青。谈笑有鸿儒,往来无白丁。可以调素琴,阅金经。无丝竹之乱耳,无案牍之劳形。南阳诸葛庐,西蜀子云亭。孔子云:"何陋之有?"

岳阳楼记 〔宋〕范仲淹

庆历四年春,滕子京谪守巴陵郡。越明年,政通人和,百废具兴。乃重修岳阳楼,增其旧制,刻唐贤今人诗赋于其上。属予作文以记之。

予观夫巴陵胜状,在洞庭一湖。衔远山,吞长江,浩浩汤汤,横无际涯;朝晖夕阴,气象万千。此则岳阳楼之大观也,前人之述备矣。然则北通巫峡,南极潇湘,迁客骚人,多会于此,览物之情,得无异乎?

若夫霪雨霏霏,连月不开;阴风怒号,浊浪排空;日星隐曜,山岳潜形;商旅不行,樯倾楫摧;薄暮冥冥,虎啸猿啼。登斯楼也,则有去国怀乡,忧谗畏讥,满目萧然,感极而悲者矣。

至若春和景明,波澜不惊,上下天光,一碧万顷;沙鸥翔集,锦鳞游泳,岸芷汀兰,郁郁青青。而或长烟一空,皓月千里,浮光跃金,静影沉璧,渔歌互答,此乐何极!登斯楼也,则有心旷神怡,宠辱偕忘,把酒临风,其喜洋洋者矣。

嗟夫!予尝求古仁人之心,或异二者之为。何哉?不以物喜,不以己悲;居庙堂之高,则忧其民;处江湖之远,则忧其君。是进亦忧,退亦忧。然则何时而乐耶?其必曰:"先天下之忧而忧,后天下之乐而乐"乎!噫!微斯人,吾谁与归?

时六年九月十五日。

醉翁亭记 〔宋〕欧阳修

环滁皆山也。其西南诸峰,林壑尤美,望之蔚然而深秀者,琅琊也。山行六七里,渐闻水声潺潺,而泻出于两峰之间者,酿泉也。峰回路转,有亭翼然临于泉上者,醉翁亭也。作亭者谁?山之僧智仙也。名之者谁?太守自谓也。太守与客来饮于此,饮少辄醉,而年又最高,故自号曰"醉翁"也。醉翁之意不在酒,在乎山水之间也。山水之乐,得之心而寓之酒也。

若夫日出而林霏开,云归而岩穴暝,晦明变化者,山间之朝暮也。野芳发而幽香,佳木秀而繁阴,风霜高洁,水落而石出者,山间之四时也。朝而往,暮而归,四时之景不同,而乐亦无穷也。

至于负者歌于途,行者休于树,前者呼,后者应,伛偻提携,往来而不绝者,滁人游也。临溪而渔,溪深而鱼肥;酿泉为酒,泉香而酒洌;山肴野蔌,杂然而前陈者,太守宴也。宴酣之乐,非丝非竹,射者中,弈者胜,觥筹交错,起坐而喧哗者,众宾欢也。苍颜白发,颓然乎其间者,太守醉也。

已而夕阳在山,人影散乱,太守归而宾客从也。树林阴翳,鸣声上下,游人去而禽鸟乐也。然而禽鸟知山林之乐,而不知人之乐;人知从太守游而乐,而不知太守之乐其乐也。醉能同其乐,醒能述以文者,太守也。太守谓谁?庐陵欧阳修也。

桃花源记　〔魏晋〕陶渊明

　　晋太元中，武陵人捕鱼为业。缘溪行，忘路之远近。忽逢桃花林，夹岸数百步，中无杂树，芳草鲜美，落英缤纷。渔人甚异之。复前行，欲穷其林。

　　林尽水源，便得一山。山有小口，仿佛若有光。便舍船，从口入。初极狭，才通人。复行数十步，豁然开朗。土地平旷，屋舍俨然，有良田、美池、桑竹之属。阡陌交通，鸡犬相闻。其中往来种作，男女衣着，悉如外人。黄发垂髫，并怡然自乐。见渔人，乃大惊，问所从来。具答之。便要还家，设酒杀鸡作食。村中闻有此人，咸来问讯。自云：先世避秦时乱，率妻子邑人来此绝境，不复出焉，遂与外人间隔。问今是何世？乃不知有汉，无论魏晋。此人一一为具言所闻，皆叹惋。余人各复延至其家，皆出酒食。停数日，辞去。此中人语云："不足为外人道也。"

　　既出，得其船，便扶向路，处处志之。及郡下，诣太守，说如此。太守即遣人随其往，寻向所志，遂迷，不复得路。

　　南阳刘子骥，高尚士也，闻之，欣然规往。未果，寻病终。后遂无问津者。

二、现代自由体诗

　　现代自由体诗根据表现内容和创作手法可分为：抒情诗、叙事诗、哲理诗、朦胧诗和爱情诗等。抒情诗一般在表达上要充满激情，声音饱满，在音高、音强、音长方面都比较丰富，节奏起伏变化较大，多用层层推进的表达方式来宣泄内心的激情。朦胧诗、哲理诗的表达则与此有别，在处理上应声音稳定、扎实，节奏对比不大，语速较缓、多停顿，以引发人们思考、体悟诗句内涵。爱情诗的表达可以声音柔美、情感细腻，音量不宜过大，声音也不宜过高、过强，以利于表现诗作的内在情致。有情节的叙事诗,则应朗诵得自然、真挚,既有诗的基本节拍,也有讲述的自然感,节奏多变。

再别康桥　徐志摩

轻轻的我走了,
　　正如我轻轻的来;
我轻轻的招手,
　　作别西天的云彩。

那河畔的金柳,
　　是夕阳中的新娘;
波光里的艳影,
　　在我的心头荡漾。

软泥上的青荇,
　　油油的在水底招摇;
在康河的柔波里,
　　我甘做一条水草!

那榆荫下的一潭,
　　不是清泉,是天上虹;
揉碎在浮藻间,
　　沉淀着彩虹似的梦。

寻梦?撑一支长篙,
　　向青草更青处漫溯;
满载一船星辉,
　　在星辉斑斓里放歌。

但我不能放歌,
　　悄悄是别离的笙箫;
夏虫也为我沉默,
　　沉默是今晚的康桥!

悄悄的我走了,
　　正如我悄悄的来;
我挥一挥衣袖,
　　不带走一片云彩。

我骄傲,我是中国人　王怀让

在无数蓝色的眼睛和褐色的眼睛之中,
我有着一双宝石般的黑色眼睛,
我骄傲,我是中国人!

在无数白色的皮肤和黑色的皮肤之中,
我有着大地般黄色的皮肤,
我骄傲,我是中国人!

我是中国人——
黄土高原是我挺起的胸脯,
黄河流水是我沸腾的热血,
长城是我扬起的手臂,
泰山是我站立的脚跟。
我骄傲,我是中国人。

我是中国人——
我的祖先最早走出森林,
我的祖先最早开始耕耘,
我是指南针、印刷术的后裔,
我是圆周率、地动仪的子孙。

在我的民族中,
不光有史册上万古不朽的
孔夫子、司马迁、李自成、孙中山,
还有那文学史上万古不朽的
花木兰、林黛玉、孙悟空、鲁智深。
我骄傲,我是中国人!

我是中国人——
在我的国土上,
不光有雷电袭击不倒的
长白雪山、黄山劲松,
还有那风雨不灭的
井冈传统、延安精神!

我是中国人——
我那黄河一样粗犷的声音,
不光响在联合国的大厦里,
大声发表着中国的议论,

也响在奥林匹克的赛场上，
大声高喊着"中国得分"！
当掌声把五星红旗送上蓝天，
我骄傲，我是中国人！

我是中国人——
我那长城一样的巨大手臂，
不光把采油钻杆钻进
外国人预言打不出石油的地心，
也把通信卫星送上祖先们
梦里也没有到过的白云。
抬头，当五大洲倾听东方的时候，
我骄傲，我是中国人！

我是中国人——
我是莫高窟壁画的传人，
让那翩翩欲飞的壁画与我们同往。
我就是飞天，
飞天就是我。
我骄傲，我是中国人！

致橡树　　舒婷

我如果爱你——
绝不像攀援的凌霄花
借你的高枝炫耀自己；
我如果爱你——
绝不学痴情的鸟儿
为绿荫重复单调的歌曲；
也不止像泉源
长年送来清凉的慰藉；

也不止像险峰
增加你的高度，衬托你的威仪。
甚至日光。
甚至春雨。
不，这些都还不够！
我必须是你近旁的一株木棉，
作为树的形象和你站在一起。
根，紧握在地下；
叶，相触在云里。
每一阵风过，
我们都互相致意，
但没有人，
听懂我们的言语。
你有你的铜枝铁干，
像刀，像剑，
也像戟；
我有我红硕的花朵，
像沉重的叹息，
又像英勇的火炬。
我们分担寒潮、风雷、霹雳；
我们共享雾霭、流岚、虹霓。
仿佛永远分离，
却又终身相依。
这才是伟大的爱情，
坚贞就在这里：
爱——
不仅爱你伟岸的身躯，
也爱你坚持的位置，足下的土地。

1977.3.27

莲的心事 席慕蓉

我
是一朵盛开的夏莲
多希望
你能看见现在的我

风霜还不曾来侵蚀
秋雨还未滴落
青涩的季节又已离我远去
我已亭亭　不忧　也不惧

现在正是
我最美丽的时刻
重门却已深锁
在芬芳的笑靥之后
谁人知我莲的心事

无缘的你啊
不是来得太早　就是
太迟

你是人间的四月天
　　　　——一句爱的赞颂　林徽因

我说你是人间的四月天；
笑响点亮了四面风；轻灵
在春的光艳中交舞着变。

你是四月早天里的云烟，
黄昏吹着风的软，星子在
无意中闪，细雨点洒在花前。

那轻,那娉婷,你是,鲜妍
百花的冠冕你戴着,你是
天真,庄严,你是夜夜的月圆。

雪化后那片鹅黄,你像;新鲜
初放芽的绿,你是;柔嫩喜悦
水光浮动着你梦期待中白莲。

你是一树一树的花开,是燕
在梁间呢喃,——你是爱,是暖,
是希望,你是人间的四月天!

三门峡——梳妆台　　贺敬之

望三门,三门开:
"黄河之水天上来!"
神门险,鬼门窄,
人门以上百丈崖。
黄水劈门千声雷,
狂风万里走东海。

望三门,三门开:
黄河东去不回来,
昆仑山高邙山矮,
禹王马蹄长青苔。
马去"门"开不见家,
门旁空留"梳妆台"。

梳妆台呵,千万载,
梳妆台上何人在?
乌云遮明镜,
黄水吞金钗。

但见那:辈辈艄公洒泪去,
却不见:黄河女儿梳妆来。

梳妆来呵,梳妆来!
——黄河女儿头发白。
挽断"白发三千丈",
愁杀黄河万年灾!
登三门,向东海:
问我青春何时来?!

何时来呵,何时来?……
——盘古生我新一代!
举红旗,天地开,
史书万卷脚下踩。
大笔大字写新篇:
社会主义——我们来!

我们来呵,我们来,
昆仑山惊邙山呆:
展我治黄万里图,
先扎黄河腰中带——
神门平,鬼门削,
人门三声化尘埃!

望三门,门不在,
明日要看水闸开。
责令李白改诗句:
"黄河之水'手'中来!"
银河星光落天下,
清水清风走东海。

走东海,去又来,

讨回黄河万年债!
黄河女儿容颜改,
为你重整梳妆台。
青天悬明镜,
湖水映光彩——
黄河女儿梳妆来!

梳妆来呵,梳妆来!
百花任你戴,
春光任你采,
万里锦绣任你裁!
三门闸工正年少,
幸福闸门为你开。
并肩挽手唱高歌呵,
无限青春向未来!

延河照样流　　戈壁舟

离别延河久,
延河照样流,
流入黄河流入海,
千年万年永不休。

永不休啊爱延河,
终身难忘延河歌。
多少战马在此饮,
多少战士从此过,
多少英雄杀敌回,
钝了的战刀延水磨。
延河流入黄河里,
如今歌声遍全国。

谁说延河浑?
延河水,洗风尘,
毛主席住过延河边,
延河的水可清心。
吃过十年延河水,
走尽天下不忘本。
趟过千遍延河水,
一辈子埋头为革命。

谁说延河小,
延河大无边。
大无边,海相连,
狂风暴雨驶来船,
黑夜不怕风和浪,
万丈灯塔照得远。
请看革命航线上,
毛主席亲自来指点。

谁说延河没春天?
延安是个大花园。
你看老年人的心,
你看年轻人的脸,
想想那时边区外,
冰雪风暴漫无边。
自从延河太阳升,
全国春风方吹遍。

离别延河久,
延河照样流,
革命洪流流向前,
不到头来永不休。

桂林山水歌　　贺敬之

云中的神啊,雾中的仙,
神姿仙态桂林的山!

情一样深呵,梦一样美,
如情似梦漓江的水!

水几重呵,山几重?
水绕山环桂林城……

是山城呵,是水城?
都在青山绿水中……

呵,此山此水入胸怀,
此时此身何处来?

……黄河的浪涛塞外的风,
此来关山千万重。

马鞍上梦见沙盘上画:
"桂林山水甲天下"……

呵!是梦境呵,是仙境?
此时身在独秀峰[①]!

心是醉呵,还是醒!
水迎山接入画屏!

画中画——漓江照我身千影,
歌中歌——山山应我响回声……

---

① 独秀峰:在桂林市中心。孤峰一柱,拔地而起。

招手相问老人山①,
云罩江山几万处?

——伏波山下还珠洞②,
宝珠久等叩门声……

鸡笼山一唱屏风开,
绿水白帆红旗来!

大地的愁容春雨洗,
请看穿山③明镜里——

呵,桂林的山来漓江的水——
祖国的笑容这样美!

桂林山水入胸襟,
此景此情战士的心——

江山多娇人多情,
使我白发永不生!

对此江山人自豪,
使我青春永不老!

七星岩④去赴神仙会,
招呼刘三姐呵打从天上回……

人间天上大路开,
要唱新歌随我来!

---

① 老人山:鸡笼山、屏风山,均在桂林市区,因状得名。
② 还珠洞:有老龙谢情还珠的神话。本诗转意借用。
③ 穿山:在桂林市南郊。峰顶有巨大圆形洞口,洞穿露天,状似明镜高悬。
④ 七星岩:桂林最著名岩洞之一。传说歌仙刘三姐在此洞中赛歌,后化石成仙。

三姐的山歌十万八千箩,
战士呵,指点江山唱祖国……

红旗万梭织锦绣,
海北天南一望收!

塞外的风沙呵黄河的浪,
春光万里到故乡。

红旗下:少年英雄遍地生——
望不尽:千姿万态"独秀峰"!

——意满怀呵,情满胸,
恰似漓江春水浓!

呵! 汗雨挥洒彩笔画:
桂林山水——满天下!……

乡愁　余光中

小时候,乡愁是一枚小小的邮票,
我在这头,母亲在那头。
长大后,乡愁是一张窄窄的船票,
我在这头,新娘在那头。
后来呀,乡愁是一方矮矮的坟墓,
我在外头,母亲在里头。
而现在,乡愁是一湾浅浅的海峡,
我在这头,大陆在那头。

在山的那边　王家新

一

小的时候,我常伏在窗口痴想
——山那边是什么呢?
妈妈跟我说过:是海
哦,山那边是海吗?

于是,怀着一种隐秘的渴望
有一天我终于爬上了那个山顶
可是,我却几乎是哭着回来了
——在山的那边,依然是山
山那边的山啊,铁青着脸
给我的幻想打了一个零分!
妈妈,那个海呢?

二

在山的那边,是海!
是用信念凝成的海
今天啊,我竟没料到
一颗从小飘来的种子
却在我的心中扎下了根
是的,我曾一次又一次地失望过
当我爬上那一座座诱惑着我的山顶
当我又一次次鼓起信心向前走去
因为我听到海就在远方为我喧腾
——那雪白的海潮啊,夜夜奔来
一次次漫湿了我枯干的心灵……

三

在山的那边,是海吗?
是的!人们啊,请相信——
在不停地翻过无数座山以后
在一次次地战胜失望之后
你终于会登上这样一座山顶
而在这座山的那边,就是海呀
是一个全新的世界
在瞬间照亮你的眼睛……

第十三单元　散文类

散文"形散而神不散"。朗读散文时,要抓住散文的"神",把握好主次,语义群"抱团",表达要舒展,在平稳中讲求活脱、跳跃,语流畅达、自然。

行道树　张晓风

每天,每天,我都看见他们,他们是已经生了根的——在一片不适于生根的土地上。

有一天,一个炎热而忧郁的下午,我沿着人行道走着,在穿梭的人群中,听自己寂寞的足音。忽然,我又看到他们,忽然,我发现,在树的世界里,也有那样完整的语言。

我安静地站住,试着去了解他们所说的一则故事:

我们是一列树,立在城市的飞尘里。

许多朋友都说我们是不该站在这里的,其实这一点,我们知道得比谁都清楚。我们的家在山上,在不见天日的原始森林里。而我们居然站在这儿,站在这双线道的马路边,这无疑是一种堕落。我们的同伴都在吸露,都在玩凉凉的云。而我们呢?我们唯一的装饰,正如你所见的,是一身抖不落的煤烟。

是的,我们的命运被安排定了,在这个充满车辆与烟囱的工业城里,我们的存在只是一种悲凉的点缀。但你们尽可以节省下你们的同情心,因为,这种命运事实上也是我们自己选择的——否则我们不必在春天勤生绿叶,不必在夏日献出浓荫。神圣的事业总是痛苦的,但是,也唯有这种痛苦能把深度给予我们。

当夜来的时候,整个城市里都是繁弦急管,都是红灯绿酒。而我们在寂静里,我们在黑暗里,我们在不被了解的孤独里。但我们苦熬着把牙龈咬得酸疼,直等到朝霞的旗冉冉升起,我们就站成一列致敬——无论如何,我们这城市总得有一些人迎接太阳!如果别人都不迎接,我们就负责把光明迎来。

这时,或许有一个早起的孩子走过来,贪婪地呼吸着鲜洁的空气,这就是我们最自豪的时刻了。是的,或许所有的人早已习惯于污浊了,但我们仍然固执地制造着不被珍惜的清新。

落雨的时分也许是我们最快乐的,雨水为我们带来故人的消息,在想象中又将我们带回那无忧的故林。我们就在雨里哭泣着,我们一直深爱着那里的生活——虽然我们放弃了它。

立在城市的飞尘里,我们是一列忧愁而又快乐的树。

故事说完了,四下寂然。一则既没有情节也没有穿插的故事,可是,我听到他们深深的叹息。我知道,那故事至少感动了他们自己。然后,我又听到另一声更深的叹息——我知道,那是我自己的。

春　朱自清

9.春
吴洁茹

盼望着,盼望着,东风来了,春天的脚步近了。

一切都像刚睡醒的样子,欣欣然张开了眼。山朗润起来了,水涨起来了,太阳的脸红起来了。

小草偷偷地从土地里钻出来,嫩嫩的、绿绿的,园子里、田野里,瞧去,一大片一大片满是的。坐着,躺着,打两个滚儿,踢几脚球,赛几趟跑,捉几回迷藏。风轻悄悄的,草软绵绵的。

桃树、杏树、梨树,你不让我,我不让你,都开满了花赶趟儿。红的像火,粉的像霞,白的像雪。花里带着甜味,闭了眼,树上仿佛已经满是桃儿、杏儿、梨儿。花下成千成百的蜜蜂嗡嗡地闹着,大小的蝴蝶飞来飞去。野花遍地是:杂样儿,有名字的,没名字的,散在草丛里,像眼睛,像星星,还眨呀眨的。

"吹面不寒杨柳风",不错的,像母亲的手抚摸着你。风里带来些新翻的泥土的气息,混着青草味儿,还有各种花的香,都在微微润湿的空气里酝酿。鸟儿将巢安在繁花嫩叶当中,高兴起来了,呼朋引伴地卖弄清脆的喉咙,唱出婉转的曲子,跟轻风流水应和着。牛背上牧童的短笛,这时候也成天嘹亮地响着。

雨是最寻常的,一下就是三两天。可别恼,看,像牛毛,像花针,像细丝,密密地斜织着,人家屋顶上全笼着一层薄烟。树叶儿却绿得发亮,小草儿也青得逼你的眼。傍晚时候,上灯了,一点点黄晕的光,烘托出一片安静而和平的夜。在乡下,小路上,石桥边,有撑起伞慢慢走着的人;还有地里工作的农民,披着蓑、戴着笠,他们的房屋稀稀疏疏的,在雨里静默着。

天上风筝渐渐多了,地上孩子也多了。城里乡下,家家户户,老老小小,也赶趟似的,一个个都出来了。舒活舒活筋骨,抖擞抖擞精神,各做各的一份儿事去。"一年之计在于春",刚起头儿,有的是工夫,有的是希望。

春天像刚落地的娃娃,从头到脚都是新的,它生长着。

春天像小姑娘,花枝招展的,笑着,走着。

春天像健壮的青年,有铁一般的胳膊和腰脚,领着我们上前去。

泪珠与珍珠 琦君

我国的旧小说中常见这样的形容句子:"那眼泪就像断线珍珠般地滚落下来。"可说是非常形象化的。白居易有诗云:"莫染红素丝,徒夸好颜色。我有双泪珠,知君穿不得。"尤其委婉而且富于想象力。阿拉伯的诗人则把故事编得更美了。他说:当牡蛎出现在海滩边欣赏月光时,天上正在哭泣的仙女,一滴眼泪落进他的心脏,便变成了一粒珍珠。(这个仙女是否是鹊桥上会牛郎的织女呢?)

其实珍珠的形成,过程是非常艰苦的。原来是一粒砂子或寄生物,偶然侵入牡蛎壳内,牡蛎为了要排除这粒障碍物,就蠕动着柔软的身体,极力要把它挤出壳去。同时由于不停地蠕动,就分泌出一种透明的液体,却把障碍物包围起来。蠕动愈辛苦,分泌液体愈多,障碍物被包围得愈厚。久而久之,分泌液凝结起来,变成了一颗晶莹的珍珠。这正像人的眼睛,如果一粒砂子侵入时,一定会泪珠儿纷纷而下,非把刺激物排除出去不止。

由此看来,将一粒粒的珍珠来比一滴滴的眼泪,是再恰当也没有了。而且从诗人们凄艳的笔下,使我们深深领悟到,生命的历程是多么悲苦,却又是多么壮丽!牡蛎如不为努力排除障碍,就不会产生光泽的珍珠;眼睛如不为排除砂子,就不会有那么多泪水来洗涤。美国女作家奥尔柯德说:"眼因流多泪水而愈益清明,心因饱经忧患而愈益温厚。"中国三十年代的一位女作家也说:"雨后的青山,好像泪洗过的良心。"真是深深从生活中体认出既凄婉又美丽的名言。我相信每个人心灵中都应当有一粒珍珠,它就是排除困难的毅力与智慧。这粒珍珠是随着人的年龄、学识与修养而逐渐长大,逐渐变得更晶莹圆润的。

想起母亲一生饱经忧患,可是她总是默默地含着带泪的微笑。在我印象中,母亲的笑容美得有如清晨带露的玫瑰。在家庭中散布淡淡的芳香,在我心田中植下热爱人生的种子。从没一句怨毒的言辞出诸她的双唇,从没一天,她卸下照顾家人的沉重担子。她外表看似柔弱,但无论怎样的流离颠沛、艰难拂逆,她都承担了。当人们享受着由于她的牺牲、忍让所赐予的安舒幸福时,她却悄无一语地离开了人间。她始终无怨无艾,因为她心中有一粒珍珠。正如牡蛎,把光泽的珍珠贡献人间,自己却牺牲了生命。

夏感　　梁衡

充满整个夏天的是一种紧张、热烈、急促的旋律。

好像炉子上的一锅水在逐渐泛泡、冒气而终于沸腾一样,山坡上的芊芊细草长成了一片密密的厚发,林带上的淡淡绿烟也凝成了一堵黛色长墙。轻飞曼舞的蜂蝶不见了,却换来烦人的蝉儿,潜在树叶间一声声地长鸣。火红的太阳烘烤着一片金黄的大地,麦浪翻滚着,扑打着远处的山、天上的云,扑打着公路上的汽车,像海浪涌着一艘艘的舰船。金色主宰了世界上的一切,热风浮动着，飘过田野，吹送着已熟透了的麦香。那春天的灵秀之气经过半年的积蓄，这时已酿成一种磅礴之势，在田野上滚动，在天地间升腾。夏天到了。

夏天的色彩是金黄的。按绘画的观点，这大约有其中的道理。春之色为冷的绿，如碧波，如嫩竹，贮满希望之情；秋之色为热的赤，如夕阳，如红叶，标志着事物的终极。夏正当春华秋实之间，自然应了这中性的黄色——收获之已有而希望还未尽，正是一个承前启后、生命交替的旺季。

你看，麦子刚刚割过，田间那挑着七八片绿叶的棉苗，那朝天举喇叭筒的高粱、玉米，那在地上匍匐前进的瓜秧，无不迸发出旺盛的活力。这时她们已不是在春风微雨中细滋慢长，而是在暑气的蒸腾下，蓬蓬勃发，向秋的终点作着最后的冲刺。

夏天的旋律是紧张的，人们的每一根神经都被绷紧。你看田间那些挥镰的农民，弯着腰，流着汗，只是想着快割，快割；麦子上场了，又想着快打，快打。他们早起晚睡亦够苦了，半夜醒来还要听听窗纸，可是起了风；看看窗外，天空可是遮上了云。麦子打完了，该松一口气了，又得赶快去给秋苗追肥、浇水。"田家少闲月，五月人倍忙"，他们的肩上挑着夏秋两季。

遗憾的是，历代文人不知写了多少春花秋月，却极少有夏的影子。大概春日融融，秋波澹澹，而夏呢，总是浸在苦涩的汗水里。有闲情逸致的人，自然不喜欢这种紧张的旋律。我却要大声地赞美这个春与秋之间的黄金的夏季。

海燕　高尔基

在苍茫的大海上，风聚集着乌云。在乌云和大海之间，海燕像黑色的闪电高傲地飞翔。

一会儿翅膀碰着波浪，一会儿箭一般地直冲云霄，它叫喊着……

在这鸟儿勇敢的叫喊声里，乌云听到了欢乐。在这叫喊声

10.海燕
吴洁茹

里,充满着对暴风雨的渴望!在这叫喊声里,乌云听到了愤怒的力量、热情的火焰和胜利的信心。

海鸥在暴风雨到来之前呻吟着,——呻吟着,在大海上面飞窜,想把自己对暴风雨的恐惧,掩藏到大海深处。

海鸭也呻吟着,——这些海鸭呀,享受不了生活的战斗的欢乐,轰隆隆的雷声就把它们吓坏了。

愚蠢的企鹅,畏缩地把肥胖的身体躲藏在峭崖底下。只有那高傲的海燕,勇敢地,自由自在地,在翻起白沫的大海上面飞翔。

乌云越来越暗,越来越低,向海面压了下来;波浪一边歌唱,一边冲向空中去迎接那雷声。

雷声轰响。波浪在愤怒的飞沫中呼啸着,跟狂风争鸣。看吧,狂风紧紧抱起一堆巨浪,恶狠狠地扔在峭崖上,把这大块的翡翠摔成尘雾和水沫。

海燕叫喊着,飞翔着,像黑色的闪电,箭一般地穿过乌云,翅膀刮起波浪的飞沫。看吧,它飞舞着,像个精灵,——高傲的、黑色的暴风雨的精灵,——它一边大笑,一边高叫……它笑那些乌云,它为欢乐而高叫!

这个敏感的精灵,从雷声的震怒里早就听出困乏,它深信乌云遮不住太阳,——是的,遮不住的!

风在狂吼……雷在轰响……

一堆堆的乌云像青色的火焰,在无底的大海上燃烧。大海抓住金箭似的闪电,把它熄灭在自己的深渊里。闪电的影子,像一条条的火舌,在大海里蜿蜒浮动,一晃就消失了。

——暴风雨!暴风雨就要来啦!

这是勇敢的海燕,在闪电之间,在怒吼的大海上高傲地飞翔。这是胜利的预言家在叫喊:

——让暴风雨来得更猛烈些吧!

喜剧之王:查理·卓别林　　梁绯译

1900年,人们经常看到一个叫查理·卓别林的黑发小男孩在伦敦各大剧院的后门外等待。他看上去十分饥饿,但那双蓝色的眼睛却透着坚定。他期望在演艺圈找到工作,他能歌善舞,尽管自己的童年痛苦艰辛,他却懂得如何让别人欢笑。

他的父亲死于饮酒过量,母亲常常因为精神问题不得不被送到医院。

查理找不到工作时,就在街上闲逛,到处寻找食物和住所。有时他会被送到孤儿院,在那儿他又冷又可怜,孩子们犯一丁点儿错误就会遭到责骂和惩罚。他恨那个地方。

三十年后,就是这个查理·卓别林受到了国王般的礼遇,人人都想和他谋面,和他合影的人中有丘吉尔、爱因斯坦和甘地这样的名人。在耀眼的电影新世界,他几乎成了皇家级的人物——喜剧之王查理·卓别林。

对于自己的成功他曾写道:"你得相信自己,这就是秘诀。即使我在孤儿院或沿街要饭的时候,我都认为自己是世界上最棒的演员。"

世界各地的观众坐在屏幕前总是笑得泪流满面。他第一次亮相就让人们看好这个和善的小子,他有一撮僵硬的小胡子,双目圆睁,头戴黑色圆礼帽,还有,他那双大得过头的皮鞋。

在卓别林演过的几百部电影里,"流浪汉"是任何人都看得懂的角色。那个可怜的流浪汉处处犯傻出错,总是麻烦不断,可他胸怀远大的理想。他想摆脱残酷的命运,他的疯狂尝试让我们捧腹不止。他总能找到怪招摆脱困境,生活从未真正将他打垮。从前那个无家可归、挨饿受冻又衣衫褴褛的孩子拒绝绝望。

不懂英语的人也能欣赏他的电影,因为它们大多是无声片。让我们发笑的并不是他说的话,他的喜剧效果来自那些细微的一举一动,它们的含义对全世界的人来说都是一样的。

卓别林在影片中时而抬起浓黑的眉毛或者转运那双眼珠,时而抻一抻外套或在空中晃一晃他的文明棍;为了逃避对手,他会躲在肥胖女士的身后或钻到桌子底下;本来想英勇一次,却晕倒在地;他抖抖破衣上的灰尘自豪地出现在盛大的社交场合;他派头十足,俨然一个富有、成功的重要人物——一个他做不到也永远不可能企及的人物。所有这些都是卓别林获得巨大成功的秘密。

他得到流浪汉这个角色纯属偶然。年轻的他和一小队演员到美国各个城市巡回演出,一家新电影公司邀请他加盟拍喜剧片,他接受了邀请并迅速走红。

他拍的电影中使他一举成名的是第二部影片中他的那身行头——黑色礼帽,紧身外套,肥大的裤子,尺码超大的皮鞋,外加一撮小胡子和一根文明棍。

他的这一形象一炮打响。不过他最初的那些电影都没有多少故事情节,全靠动作取胜,他极其滑稽的神情和举动使观众们捧腹大笑。

三十岁时,卓别林成了世界上最棒、最有名、最受青睐的喜剧演员,他拍一部电影,片酬达到数千美元。他组建了自己的电影公司并自己写剧本、拍片子。所到之处,他都受到夹道欢迎,但他仍然努力工作,也没有什么知心朋友。

也许正因为如此,他的影片中流浪汉的悲哀一面更显突出。这个小人物需要的不仅仅是食物和住所,他开始需要爱情。

卓别林经历了几次婚姻。后来他娶到了美国作家尤金·奥尼尔的女儿欧娜,并与之白头到老。

渐渐地,他厌倦了美国——这个他生活了四十年并功成名就的地方。他偕妻子和一大家子人去了瑞士。他说自己是个世界公民,不属于任何特定的国家。

在他漫漫人生的最后几年,他重返美国和英国,接受他在电影事业上获得的各种荣誉。1977年圣诞节,这个喜剧之王在瑞士辞世,享年88岁。噩耗传来,全世界都为之悲痛。

第十四单元 故事类

故事类作品的语言一般有叙述语言、人物语言两部分。朗读叙述语言时,以讲述的语气为主,用声在自如声区的中部,随着情节的发展,利用虚实、明暗、强弱、高低、快慢等多种对比加强对故事主线的讲述,避免语势平淡。语速适中,慢而不拖,快而不赶。在缓缓语流中引领人们到内容所设置的氛围里。根据人物的性格特点等进行人物声音形象的塑造,利用声音的弹性变化和不同的吐字发声技巧来表现。

热爱生命(片段) 杰克·伦敦

他一动不动地仰面躺着,现在,他能够听到病狼一呼一吸地喘着气,慢慢地向他逼近。它愈来愈近,总是在向他逼近,好像经过了无穷的时间,但是他始终不动。它已经到了他耳边。那条粗糙的干舌头正像砂纸一样地摩擦着他的两腮。他那两只手一下子伸了出来——或者,至少也是他凭着毅力要它们伸出来的。他的指头弯得像鹰爪一样,可是抓了个空。敏捷和准确是需要力气的,他没有这种力气。

那只狼的耐心真是可怕。这个人的耐心也一样可怕。

这一天,有一半时间他一直躺着不动,尽力和昏迷斗争,等着那个要把他吃掉、而他也希望能吃掉的东西。有时候,疲倦的浪潮涌上来,淹没了他,他会做起很长的梦;然而在整个过程中,不论醒着或是做梦,他都在等着那种喘息和那条粗糙的舌头来舔他。

他并没有听到这种喘息,他只是从梦里慢慢苏醒过来,觉得有条舌头在顺着他的一只手舔去。他静静地等着。狼牙轻轻地扣在他手上了；扣紧了；狼正在尽最后一点力量把牙齿咬进它等了很久的东西里面。可是这个人也等了很久，那只给咬破了的手也抓住了狼的牙床。于是，慢慢地，就在狼无力地挣扎着，他的手无力地掐着的时候，他的另一只手已经慢慢摸过来，一下把狼抓住。五分钟之后，这个人已经把全身的重量都压在狼的身上。他的手的力量虽然还不足以把狼掐死，可是他的脸已经紧紧地压住了狼的咽喉，嘴里已经满是狼毛。半小时后，这个人感到一小股暖和的液体慢慢流进他的喉咙。这东西并不好吃，就像硬灌到他胃里的铅液，而且是纯粹凭着意志硬灌下去的。后来，这个人翻了一个身，仰面睡着了。

跪拜的藏羚羊　　王宗仁

天下所有慈母的跪拜，包括动物在内，都是神圣的。

这是听来的一个西藏故事。发生故事的年代距今有好些年了。可是，我每次乘车穿过藏北无人区时，总会不由自主地想起这个故事的主人公——那只将母爱浓缩于深深一跪的藏羚羊。

那时候，枪杀、乱逮野生动物是不受法律惩罚的。就是在今天，可可西里的枪声仍然带着罪恶的余音低回在自然保护区巡视卫士们的脚印难以到达的角落。当年举目可见的藏羚羊、野马、野驴、雪鸡、黄羊等，眼下已经成为凤毛麟角了。

当时，经常跑藏北的人总能看见一个肩披长发、留着浓密大胡子、脚蹬长筒靴的老猎人在青藏公路附近活动。那支磨蹭得油光闪亮的杈子枪挂在他身上，身后的两头藏牦牛驮着沉甸甸的各种猎物。他无名无姓，云游四方，朝别藏北雪，夜宿江河源，饿时大火煮黄羊肉，渴时一碗冰雪水。猎获的那些皮张自然会卖来一笔钱，他除了自己消费一部分外，更多的用来救济路遇的朝圣者。那些磕长头去拉萨朝觐的藏家人，心甘情愿地走一条布满艰难和险情的漫漫长路。每次老猎人在救济他们时总是含泪祝愿：上苍保佑，平安无事。

　　杀生和慈善在老猎人身上共存。促使他放下手中的杈子枪是在发生了这样一件事以后，应该说那天是他很有福气的日子。大清早，他从帐篷里出来，伸伸懒腰，正准备要喝一铜碗酥油茶时，突然瞅见两步之遥对面的草坡上站立着一只肥肥壮壮的藏羚羊。他眼睛一亮，送上门来的美事！沉睡了一夜的他，浑身立即涌上来一股清爽的劲头，丝毫没有犹豫，就转身回到帐篷拿来了杈子枪。他举枪瞄了起来，奇怪的是，那只肥壮的藏羚羊并没有逃走，只是用企求的眼神望着他，然后冲着他前行两步，两条前腿扑通一声跪了下来。与此同时，只见两行长泪从它眼里流了出来。老猎人心头一软，扣扳机的手不由得松了一下。藏区流行着一句老幼皆知的俗语："天上飞的鸟，地上跑的鼠，都是通人性的。"此时，藏羚羊给他下跪自然是求他饶命了。他是个猎手，不被藏羚羊的怜悯打动是情理之中的事。他双眼一闭，扳机在手指下一动，枪声响起，那只藏羚羊便栽倒在地。它倒地后仍是跪卧的姿势，眼里的两行泪迹也清晰地留着。那天，老猎人没有像往日那样当即将猎获的藏羚羊开宰、扒皮。他的眼前老是浮现着给他跪拜的那只藏羚羊。他有些蹊跷，藏羚羊为什么要下跪？这是他几十年狩猎生涯中唯一见到的情景。夜里，躺在地铺上的他久久难以入眠，双手一直颤抖着……

　　次日，老猎人怀着忐忑不安的心情对那只藏羚羊开膛扒皮，他的手仍在颤抖。腹腔在刀刃下打开了，他吃惊得叫出了声，手中的屠刀咣当一声掉在地上……原来藏羚羊的子宫里，静静卧着一只小藏羚羊，它已经成型，自然是死了。这时候，老猎人才明白为什么那只藏羚羊的身体肥肥壮壮，也才明白它为什么要弯下笨重的身子为自己下跪：它是在求猎人留下自己孩子的一条命呀！

　　天下所有慈母的跪拜，包括动物在内，都是神圣的。

　　老猎人的开膛破腹半途而停。

　　当天，他没有出猎，在山坡上挖了个坑，将那只藏羚羊连同它那没有出世的孩子掩埋了。同时埋掉的还有他的杈子枪……从此，这个老猎人在藏北草原上消失了。没有人知道他的下落。

简单的智慧　　谢　明

第二次世界大战期间，一艘美国驱逐舰停泊在某国的港湾里。那天晚上万里无云，明月高照，一片宁静。

一名士兵对全舰进行例行巡视，他走着走着，突然停步不动了，因为他看到一个乌黑的大东西在前面不远的水面上浮动着。他认真地观察了一会儿，才惊骇地发现，那是一枚触发水雷，可能是从一个雷区脱离出来的，正随着退潮慢慢向驱逐舰这边漂来。看到这一情景，那名士兵吓出了一身冷汗，他赶忙抓起舰内通讯电话机，通知了值日官。听到这个消息，值日官马上快步跑来。他们很快通知了舰长，并且发出了全舰戒备信号，全舰立刻动员起来。

官兵们都惊愕地注视着那枚逐渐靠近的水雷，大家都知道，灾难即将来临。全舰军官迅速研究对策，设法避开危险。他们提出了各种办法：赶快起锚走吗？不行，因为没有足够的时间。发动引擎使水雷漂离开？也不行，因为螺旋桨转动只会使水雷更快地漂近舰身。用枪炮引爆水雷？更不行，因为那枚水雷太接近舰内的弹药库。放下一只小艇，用一只长竿把水雷携走？这种方法也不可行，因为那是一枚触发水雷，同时也没有时间去弄掉水雷的雷管。眼看水雷越漂越近，一触即发，悲剧似乎没有办法避免了，众人束手无策。到底该怎么办呢？

突然，一个名叫弗雷泽的士兵大声喊道："把消防水管拿来。"就这一声喊，仿佛醍醐灌顶，让每个人的眼睛突然一亮，大家明白这个办法确实有道理，而且简单可行。他们迅即拿来水管，向舰艇和水雷之间的海上喷水，制造出一条水流，把水雷带向远方，然后用舰炮引爆了它。

一场看似不可避免的灾难转瞬间消失了，用的方法却异常简单,又有些出人意料。其实,我们细细想一想,又在情理之中。在生活中,很多问题,都被我们复杂化了,我们总习惯于所谓的"透过现象看本质",往深处远处去思考。可是大多数的情况是,那些事情看起来复杂,解决的方法却非常简单,那些复杂只不过是迷惑我们的假象,只要我们的思维稍微转个弯,问题就可能迎刃而解。

纸钢琴　　马付才

女儿酷爱音乐。每天清晨当对面阳台上响起琴声时,她便痴痴地趴在阳台上静静聆听。她多想自己能有一架钢琴……不,不,哪怕能摸一摸,坐上去弹一次也好啊!

一天,父亲来到阳台,看到女儿趴在阳台上,十指在阳台上跳跃着,父亲便有了一桩心事……女儿从没见过父亲买一件像样的衣服,穿在他身上的总是洗得发白的工作服。女儿知道应该铆足劲儿学习。她想,将来一定要考上音乐学院,那样,就可以天天弹钢琴了。

父亲似乎比以前忙了许多,每天很早出去,很晚回来,裹着身泥灰倒头便睡。日复一日,女儿不知父亲为何如此拼命,却知道父亲的白发她已经再也数不清了……年复一年,五年过去了。女儿考上最好的高中。

父亲去银行取出了存款。一路上陶醉在喜悦中,却不知道背后跟着一双邪恶的眼睛。他来到商店,来到一架钢琴前。这是一架锃亮的立式钢琴,标价:一万八。"够了。"他想,于是他叫来售货员。当他满心欢喜地将紧拽在手里的工具包打开时,一条被刀划开的口子凝结了他的笑容。

父亲茶饭不思,一下子憔悴了。担忧笼罩着女儿的眼眸。几天后,父亲拿出一样东西:一块木板,上面贴着厚纸,画着键盘。父亲说:"爸爸没用,本来想给你买架真钢琴的……"女儿第一次看到了父亲的泪水。"爸爸!"女儿不知道发生了什么,但她什么都明白。

她坐过去,十指轻快地跳跃在琴键上,周身沐浴着暖暖的旋律,她泪流满面,如痴如醉。

红岩(片段)　　罗广斌　杨益言

一阵狂风卷过,寒气阵阵袭来,矗立在签子门边的余新江浑身发冷,禁不住颤抖了一下。屋瓦上响起了哗哗的声音,击打在人的心上。是暴雨？这声音比暴雨更响,更加嘈杂,更加猛烈。"冰雹!"余新江听见有人悄声喊着。他也侧耳听那屋瓦上的响声,在沉静的寒气里,在劈打屋顶的冰雹急响中,忽然听出一种隆隆的轰鸣。这声音夹杂在冰雹之中,时大时小。余新江渐渐想起,刚才在冰雹之前的狂风呼啸中,似乎也曾听到这种响声,只是不如现在这样清晰,这样接近;因为他专注地观察敌人,所以未曾引起注意。这隆隆的轰鸣,是风雪中的雷声么？余新江暗自猜想着：在这隆冬季节,不该出现雷鸣啊!难道是敌人爆破工厂,毁灭山城么？忽然,余新江冰冷的脸上,露出狂喜,他的手里激动得冒出了汗水。他突然一转身,面对着全室的人,眼里不可抑制地涌出滚烫的泪水。

"听!炮声,解放军的炮声!"

月光曲

一百多年前,德国有个音乐家叫贝多芬,他谱写了许多著名的曲子。其中有一首著名的钢琴曲叫《月光曲》,传说是这样谱成的。

有一年秋天,贝多芬去各地旅行演出,来到莱茵河边的一个小镇上。一天夜晚,他在幽静的小路上散步,听到断断续续的钢琴声从一所茅屋里传出来,弹的正是他的曲子。

贝多芬走近茅屋,琴声忽然停了,屋子里有人在谈话。一个姑娘说："这首曲子多难弹啊!我只听别人弹过几遍,总是记不住该怎么弹,要是能听一听贝多芬自己是怎样弹的,那有多好啊!"

一个男的说："是啊,可是音乐会的入场券太贵了,咱们又太穷。"姑娘说:"哥哥,你别难过,我不过随便说说罢了。"

贝多芬听到这里,就推开门,轻轻地走了进去。茅屋里点着一支蜡烛。在微弱的烛光下,男的正在做皮鞋。窗前有架旧钢琴,前面坐着个十六七岁的姑娘,脸很清秀,可是眼睛瞎了。

皮鞋匠看见进来个陌生人,站起来问:"先生,您找谁?走错门了吧?"贝多芬说:"不,我是来弹一首曲子给这位姑娘听的。"

姑娘连忙站起来让座。贝多芬坐在钢琴前面,弹起盲姑娘刚才弹的那首曲子来。盲姑娘听得入了神,一曲完了,她激动地说:"弹得多纯熟啊!感情多深哪!您,您就是贝多芬先生吧?"

贝多芬没有回答,他问盲姑娘:"您爱听吗?我再给您弹一首吧。"

一阵风把蜡烛吹灭了,月光照进窗子来,茅屋里的一切好像披上了银纱,显得格外清幽。贝多芬望了望站在他身旁的穷兄妹俩,借着清幽的月光,按起琴键来。

皮鞋匠静静地听着。他好像面对着大海,月亮正从水天相接的地方升起来。微波粼粼的海面上,霎时间洒遍了银光。月亮越升越高,穿过一缕一缕轻纱似的微云。忽然,海面上刮起了大风,卷起了巨浪。被月光照得雪亮的浪花,一个连一个朝着岸边涌过来……皮鞋匠看着他妹妹,月光正照在她那恬静的脸上,照着她睁得大大的眼睛,她仿佛也看到了,看到了她从来没有看到过的景象,在月光照耀下的波涛汹涌的大海。

兄妹俩被美妙的琴声陶醉了。等他们清醒过来,贝多芬早已离开了茅屋。他飞奔回客店,花了一夜工夫,把刚才弹的曲子——《月光曲》记录了下来。

母亲(改编)　　肖复兴

世上有一部永远写不完的书,那便是母亲。

我的生母去世的时候,我和弟弟还很小。爸爸从乡下老家领来了一个小脚女人,后边跟着一个不大的小姑娘。"她就是你们妈妈",爸爸说。望着这陌生的娘俩,我想起了那首无数人唱过的凄凉小调,"小白菜呀地里黄,二三岁呀,没了娘",我恨爸爸为什么给我们找了一个后娘。

　　说不出的一种心绪,我把妈妈生前的照片翻出来挂在家里最醒目的地方,以此向后娘示威。怪了,她没有生气,还经常踩着凳子擦擦照片上的灰尘。有一次她正擦着,"你别碰我妈妈!"我几乎是在向她喊。好几次夜里我听见爸爸和她商量:"把照片取下来吧!"她总是摇摇头:"不碍事,挂着吧,孩子还小。"三年困难时期,她给自己的女儿在内蒙古找了个婆家,为的只是减少我们家里一个人的口粮。我记得特别清楚,临走的那天,外面很冷,天上飘着雪花,爸爸把家里唯一的一件粗线毛呢大衣给小姐姐披上。她一把扯下来:"留给两个弟弟穿吧,啊?"车站上小姐姐一个劲儿地哭,她一句话也没说,只是在火车开动的时候向女儿挥了挥手。寒风中,我看她那像枯枝一样的手背在抖动。回来的路上,她一边走一边自个叨叨:"好哇,闺女家早点嫁个人家好哇,好哇、好哇……"

　　我实在不知道人生的滋味,不知道她一路上叨叨的这几句话是在安抚她自己那滴血的心!她也是一个母亲啊!她送走了自己亲生的女儿,为的是两个并非自己亲生的儿子!

　　望着在前面步履蹒跚走着的后娘,望着她那日趋隆起的背影,我的眼泪一个劲儿地往上涌,"妈妈!"我第一次这样称呼她。她站住了,回过头来愣愣地看着我,不敢相信是我在叫她!"妈妈!"当她看清了真的是我在叫她,她竟呜的一声哭了,哭得像个孩子。多少年的酸甜苦辣,多少年的委屈和不公,全在这一声"妈妈"中溶解了。母亲啊,您对孩子的要求就是这么少。

　　那一年,爸爸有病去世了。为了供养我和弟弟上学,妈妈先是帮人家看孩子,后又在家里弹棉花、拆线头挣钱。望着她满身满脸满头发的棉花毛毛、线头头,我心里说不出是一种啥滋味。我常想:是亲娘又怎样!

在以后的许多年里，我们家的日子虽然过得清苦，但是有妈妈和我们在一起，我们便觉得日子很甜蜜。无论多晚回家，小屋的灯总是亮着，那橘黄色的灯光是妈妈跳跃的心脏。只要妈妈在，那小屋便充满了温暖，充满了爱。我总觉得妈妈的心脏会永远跳动，却不曾想到，我们大学刚刚毕业，妈妈地突然倒下了，而且再没有起来。像往常出远门一样，妈妈把所有的衣服都洗得干干净净，叠得整整齐齐。望着妈妈留下的这些遗物，我和弟弟失声痛哭，请求她老人家在天之灵原谅我们儿时的不懂事，但我们永远不能原谅自己少年的虚荣。妈妈，您还记得吗？您那次兴冲冲地去学校开家长会，我嫌您土气，嫌您是一双小脚，嫌您穿的对襟小褂，我愣是把您堵在了校门口，和同学们说您不是我的妈妈。就这样，您还原谅了我，说我小，还不懂事。

妈妈，您一个大字不认得，甚至去世了也没人知道您的名字。在这个世界上我什么都可以忘记，却永远不会忘记为我们操劳一生的母亲。

爱的传说　　王周生

朋友，你听过这样一个动人心魂的传说吗？

很久很久以前，有一个聪明英俊的王子，他很爱他的母亲——一个美丽善良的王后。当然，母亲也非常爱她的儿子。他们爱得那样深，以致王子无时无刻不想待在母亲身边，而母亲也一步都不舍得离开自己的儿子。

有一天，母亲带儿子到森林里玩，碰到一个美丽的姑娘。姑娘有一头金黄的披肩长发，有一双蓝得像大海似的眼睛，还有一张圆圆的樱桃小嘴。姑娘拿她碧波似的眼睛看了一眼英俊的王子，王子立刻疯狂地爱上了她。从此，他们每天在森林里约会。一种新的火热的爱充满了王子的心。

这一天，王子如约来到森林，看到姑娘愁眉不展，美丽的脸上蒙了一层阴云。王子焦急地问："你怎么了，我亲爱的姑娘？是不是病了?"姑娘垂下眼睛,长长的睫毛盖住了深蓝的大海,她轻轻地摇了摇头。

王子又问:"那么,你有什么烦恼? 你需要什么吗?"

姑娘抬起美丽的眼睛,露出祈求的神色。"你是否要我送你一大群雪白的绵羊?"王子急切地问。

姑娘摇了摇头。

"那么,你是否要我送你一座美丽的宫殿?"

姑娘还是摇了摇头。

"你到底需要什么呢?"王子发愁了,"要知道我是多么爱你,只要能驱赶你脸上的阴云,只要你能露出彩霞般的笑脸,无论你需要什么,我都能给你。"

姑娘把双手扭曲在胸前,深蓝的眼睛露出强烈的渴望:

"我想要你母亲的一颗心!"

王子愣住了,他简直不相信自己的耳朵。

就在这一瞬间,姑娘发现了王子的犹豫,她闭上眼睛,眼里滚出两颗珍珠般晶莹闪亮的眼泪,愁云更深地罩住了姑娘美丽的脸盘。

王子难过极了,他爱她,他太爱她了。于是他跳了起来,向王宫跑去。

他跑进母亲的卧室。母亲熟睡了,脸上还挂着思念儿子的愁容。王子什么也不顾,他用宝剑挑开了母亲温暖的胸膛,取出了不断搏动的热乎乎的心脏,飞也似的向森林跑去。

他跑进浓密的森林,天完全黑了。慌忙中,他被伸出地面的树枝狠狠绊了一跤。他倒在地上,那颗心不知摔到什么地方去了。黑暗中,他顾不得疼痛在地上拼命摸索着,摸索着,终于找到了那颗母亲的心。他紧紧地捧在手里,正准备继续向林中的姑娘奔去,不料,那颗母亲的心说话了:"我的儿子,你摔痛了吗?"

……

多么令人心碎的传说。我不想对它妄加评论,传说就是传说,这,是爱的传说。作为孩子的我和作为母亲的我只想说出心中最强烈的感受——

爱你的母亲吧,孩子呀,不论你的母亲是富裕还是贫穷,不论她健壮还是多病,你要永远地爱她,因为只有她最爱你。

那些为了美丽的姑娘而出卖一切甚至母亲的心的逆子,他们绝不会幸福,因为他们的灵魂已经腐烂!

高原的茶花(改编) 腾利娜

在祖国边陲的昆仑山巅,常年积雪不化。近半个世纪以来,中国人民解放军的上万名官兵像铆钉一样驻扎在高原的永冻层上。他们都知道同一个故事,就是关于高原的茶花。

那一年茶花4岁,第一次和妈妈出门走的就是远路。

那一年也是在这辞旧迎新的时节。

被冰雪覆盖的高原依然以它千百年的沉静和冷寂来对待人类任何一个火红的节日。

高原恢宏的美丽是残酷的。

长长的青藏公路上,车越来越少,偶尔有一辆,也是从雪线回格尔木过年的。

从山东来的贺嫂带着4岁的茶花站在路口,焦急地盼望着能有一辆开往昆仑山深处不冻泉兵站的车,她要去那儿寻夫。此时此刻她只有一个愿望:无论如何仨人要一起过年,那叫团圆。这也是老贺每封信里一定要说的话。贺嫂早已忘记兵站有条不让大人带小孩上雪线的规定,另外她怎么也不相信高原的空气真的就是什么"冷面杀手"。大家不是都活得好好的吗?

贺嫂抱着小茶花,手脚都冻得麻木了。好不容易才拦住一辆进山的便车,但司机很不情愿捎这个脚。

"别人都下山,你偏上山,还带着个娃娃!"

"我从山东老家来探望丈夫,约好在格尔木过节,谁知他临时有任务下不来,我这才往山里赶。"

"你这是千里寻夫啊,丈夫在哪儿工作?"

"他在不冻泉兵站当兵。"

"那上车吧。"

司机再没有说什么,他启动马达,开车。

贺嫂抱着小茶花坐在驾驶室里。小茶花轻轻地从干涩的嘴里挤出几个字:"爸——爸——"

"她病啦?"司机问。

"我们坐了两天两夜的火车,又坐了两天两夜的汽车,可能太累,孩子受不住。"贺嫂说着紧搂了一下小茶花,小茶花的额上很烫。

看着昏昏沉沉的小茶花,司机知道是让讨厌的高原反应给缠上了,他加快了速度,想尽快把贺嫂送到她丈夫所在的兵站。

汽车在盘山道上行驶,雪依然下着,两道刚刚出现的车辙,很快就被悄然无声的落雪盖住。

小茶花在贺嫂的怀里半醒半睡,只是不停地喊着:"爸——爸——"贺嫂一会儿抬头看前面的路,一会儿低头看女儿,两行热泪悄然而下……

自从上次老贺回家探亲,一别就是5年,女儿都4岁了,还没见过爸爸,只知道爸爸在很高很高的地方当兵,而贺嫂想到这些,终于未能抵挡得住揪心的企盼,带着孩子奔昆仑山的不冻泉兵站来了。

老贺自从沂蒙山到昆仑山来当兵,一干就是十多年。这些年他在天寒地冻的不冻泉兵站操持着家什,他是那儿的上尉指导员。他的所有柔情就是在写给贺嫂的信中的那句话:无论如何,年要仨人一起过。

看来这次能如愿。贺嫂想。

小茶花突然从妈妈的怀里挣脱开。"爸爸呢?"她问妈妈。贺嫂说:"乖乖,很快就要见到爸爸啦。"小茶花摇了摇头,又倒在妈妈怀里睡了。她很累、很渴,就是想睡觉,但又不甘心睡去,因为她还没有见过爸爸。

爸爸呢？为什么这么难见？

小茶花的小嘴干干的，上下嘴唇爆起了皮，呼吸也越来越急促。

贺嫂又慌又急又没主意，才想起了竟没给孩子带水和药。

司机停下车，把自己水壶里仅有的一点水滴进了小茶花的嘴里。

贺嫂以为头疼脑热是累的是乏的，抗一抗就会过去，在老家都这样，谁知道，嗨！

然而，此刻一切抱怨也许都是愚蠢的。

司机加大油门赶路，车向不冻泉兵站飞驰。

贺嫂紧紧地搂着小茶花。昆仑山的落雪依然无声。

车，终于到达了不冻泉兵站，然而小茶花已经停止了呼吸，贺嫂抱着的是女儿微温的尸体。悲剧发生在路上。

整个兵站的人都被惊呆了，大家围着这辆汽车，脱帽默默肃立着。贺嫂抱着小茶花坐在驾驶室里一动也不动。

此时的老贺却不在兵站，他还在百里以外的哨卡执行任务，妻子到站和发生的悲剧他自然一概不知。

天黑后，战士们实在不忍心再这样让贺嫂抱着小茶花坐在冰冷的驾驶室里，便劝她进站歇歇。贺嫂下了车，只是依旧抱着女儿，不说一句话。

不冻泉兵站的元旦之夜，像死一般的寂静。没有笑声，没有歌声，甚至连灯光也没有。警卫班班长心疼嫂子，对她说："嫂子，你太累了，让我抱抱咱们的小茶花吧！"说完，从贺嫂手里接过了孩子。

看着班长这么做，所有的战士都跑过来排队等候抱小茶花。就这样，你抱半小时，他抱十分钟，一直到天亮，又到天黑。

整整两天两夜呀，小茶花的小身体在不冻泉兵站指战员的手里传递着。直到老贺执勤回来，站上才爆发出雷吼一样的哭声。

这一夜，不冻泉兵站的指战员们唱起了《十五的月亮》，一遍又一遍。

第十五单元 新闻类

新闻稿件的播读要求语音规范,节奏明快,重音准确,语意清晰;用声集中在中音区,用实声,不拖腔甩调;把握好吐字的力度,字正腔圆、干脆利落。对于长句子,要事先安排好停连,及时地运用换气的技巧,呼吸无声,不急不促,平稳顺畅地表达语意。

一、简讯

1. 旅游简讯

北京植物园热带蝴蝶生态园正式开园

位于北京植物园内的热带蝴蝶生态园昨天正式开园,数千只色彩斑斓的蝴蝶和数十种千奇百怪的虫子,正式与游客见面。这座生态园,也是内地首次从马来西亚引进的昆虫蝴蝶科普生态园。

上海花展开幕

上海花展将于明天在上海植物园开幕,展出面积将达 70 万平方米,共设立 47 个景点,参展花卉多达 3000 多个品种。展区包括世博主题演绎区、世博花卉品种区等,400 万株花卉将装扮出一个五彩缤纷、鸟语花香的世界。这次花展将一直开放到下个月 10 号。

青海祁连鹿场成为特色旅游景点

已有 40 多年历史的青海祁连鹿场,地处祁连山草原。在这里,上千只白唇鹿、马鹿、梅花鹿飞奔嬉戏,穿行于祁连山下的花

11.新闻
吴洁茹

草树木间。这种壮观场景,让祁连鹿场已成为当地重要的特色旅游景点,中外游客可在祁连山下感受飞马草原森林的独特体验。

爱乐挑战《帕西法尔》

10月31号,对于中国爱乐乐团而言面临着一个巨大的挑战,因为他们将要挑战音乐大师瓦格纳的最后一部大作《帕西法尔》。这部5个小时的超长歌剧将是本届北京国际音乐节的闭幕大戏,也是这部作品诞生131年后的中国首演。

法参议院批准增设五星级旅馆评级标准

多年来,由于受到旅馆业评级标准的限制,法国一直没有五星级旅馆,即使是旅游胜地巴黎,豪华酒店最高也只有四星。法国参议院8号投票通过一项法案,决定设立新的旅馆业评级标准,这意味着,法国终于要有五星级旅馆了。

2. 文化简讯

美国华盛顿州借助古典音乐预防犯罪

音乐作为人类共同的语言,能够陶冶性情。近日,美国华盛顿州的当地政府,开始实施一种"音乐预防犯罪法"。他们计划通过扩音器,在一些案件频发的地段,播放古典音乐大师巴赫和贝多芬等人的经典作品,以缓解人们的烦躁情绪,进一步达到预防犯罪的目的。

中国国家博物馆馆藏精品展在海南开展

《国家宝藏——中国国家博物馆馆藏精品展》昨天在海南省博物馆开展,四羊方尊、金缕玉衣、兵马俑等66件瑰宝一次展出。海口市民真的很有眼福,因为这次展览是《国家宝藏》历次国内巡展中展品数量最多的一次。

卢浮宫默许在名作前拍照留影

卢浮宫日前解除了一项在2005年开始试行的禁令,默许游客在《蒙娜丽莎》等油画名作前拍照或留影。卢浮宫方面无奈表示,暑期客流的增加是卢浮宫默许拍照的原因。但是,也有部分参观者表示,在名画前合影拍照,既不尊重其他观众,也不尊重艺术品本身。

邮票"解放军"升值两千多倍

为纪念建军80周年,国家邮政局于昨天发行了"解放军"纪念邮票。这套建军80周年的纪念邮票一套共4枚,分别以听党指挥、服务人民、英勇善战和维护和平为主题图案,具有较高的收藏价值。

3000岁指南车在苏州复制成功

近日,来自苏州古代天文计时仪器研究所的科研人员,成功复制出了堪称中国最早的指向工具"指南车",并推陈出新地用上了激光指示仪。据了解,这款用红木制成的"指南车",最早诞生于春秋战国时期,距今已经有3000年的历史了。

澳大利亚94岁老太成全球最年长硕士

来自澳大利亚的老太太菲莉斯·特纳本周成为世界上获得硕士学位最年长的人。据了解,12岁时就辍学回家的特纳,直到70岁时才重新考入大学,并在今年94岁时最终获得了医学硕士学位。这种勤奋好学的精神感动了不少人,目前人们已经开始为特纳申请吉尼斯世界纪录。

3. 体育简讯

中国选手收获两金一银

国际田联洲际杯赛昨晚在捷克俄斯特拉发结束了第二个比

赛日的争夺,苏炳添在男子百米决赛中以 10 秒 03 收获亚军,巩立姣以 19 米 63 获得女子铅球冠军,吕会会以 63 米 88 获得女子标枪第一名。积分榜上,中国选手所在的亚太队排名第三,美洲队占据榜首。

全国体操冠军赛落幕

全国体操冠军赛最后五个单项的较量,昨晚在河南许昌进行。女子平衡木和男子跳马的较量,广东队小花赵诗婷和云南队小伙韦虎燚都是首次拿到冠军赛个人项目的金牌。此外,北京队选手唐希靖,夺得女子自由操比赛的冠军。湖南队谭迪一人将双杠和单杠两枚金牌收入囊中。

全国举重锦标赛再产生两金

全国举重锦标赛昨天继续在浙江开化进行,男子 73 公斤级是国际举联修改竞赛规则后的新级别,浙江选手冯吕栋发挥出色,最终收获抓举、挺举和总成绩三项冠军。同时他也创造了这个级别的全国纪录。男子 67 公斤级比赛,福建选手黄闽豪收获抓举冠军,湖南选手谌利军收获挺举冠军,广西五菱汽车的黄世平夺得总成绩冠军。

小威将与大坂直美争夺女单冠军

美网女单半决赛昨天上午结束,六届赛会冠军小威廉姆斯以 6 比 3 和 6 比 0 的比分击败拉脱维亚选手塞瓦斯托娃,第 9 次挺进美网单打决赛。她将和日本选手大坂直美争夺最后的冠军。20 岁的日本小将直落两盘淘汰去年赛会亚军凯斯,创造了日本女子选手在大满贯中的最佳战绩。

队长凯恩将穿"黄金战靴"出战

明天欧洲国家联赛还会继续,在 A 级联赛中,身处第 4 小组的英格兰将与西班牙展开强强对话。英格兰队会沿用打入世界杯 4 强的阵容,哈里凯恩被任命为队长,他会在明天的比赛中接受世界杯金靴奖项,并穿一双特制的黄金战靴参加比赛。

4. 科技资讯

"登火星"模拟试验启动

俄罗斯联邦航天署与欧洲航天局联合开展的"登火星"模拟试验 3 月 31 号启动,6 名志愿者在俄罗斯首都莫斯科走进封闭试验舱。他们将在两节火车车厢大小的试验舱内度过与世隔绝的 105 天,模拟登陆火星的漫长旅程。

人类一直在进化

美国人类学家周四声称,人类进化从来就没停止过。现代快节奏生活引发的基因突变加速了人类进化。科学家大胆预言,几千年后,将产生身高两米、棕色皮肤的新人种。

美国启动"龙卷风 2"项目

美国科学家最近将启动一个名为"龙卷风 2"的大型研究项目,以期弄清龙卷风到底是如何形成的。龙卷风的形成原因一直是一个谜,正是因为这个原因,科学家一直试图去了解它。

5. 生活资讯

中小学生免费打流感疫苗

今年北京市免费流感疫苗接种范围再次扩大:除了北京在校中小学生,30 万名外来务工人员也将全部享受免费接种。此外,北京户籍 60 岁以上老人也可以免费接种。

酸奶+红糖 减肥妙方不可取

最近网络上特别流行一种所谓的减肥妙方,就是酸奶加红糖。有人甚至称,一个月可以瘦 24 斤。但专家指出,如果用"酸奶+红糖"代替正餐,那么一周后,很容易就会出现头晕、耳鸣等低血糖现象,所以并不可取。

日本政府将对购买节能家电提供 5% 返点优惠

作为经济刺激对策的一环,日本政府近日原则决定,对购买冰箱、洗衣机、空调、微波炉、节能灯具等节能型家电产品的消费者,提供 5% 的返点优惠。这项计划最早有望于今年 7 月开始实施。

4100 余块"月光门牌"将现静安

天黑以后,如果弄堂口的门牌能自动发光,就会解决黑灯瞎火找不到门牌的难题。据了解,目前上海静安寺街道辖区范围内的 4100 多块弄牌、号牌,已经全部换成了"月光门牌",预计今年下半年,这种新型门牌将被陆续推广到上海全市。

今年缓解交通拥堵行动计划公布

近日,《2018 年北京市缓解交通拥堵行动计划》正式公布。根据行动计划,2018 年,北京机动车保有量将控制在 610 万辆以内,轨道交通运营里程达到 630 公里以上。除此之外,北京市今年还将加快交通基础设施建设,进一步提高交通供给能力。

二、消息

新闻消息的结构包括导语、主体、背景、结尾四部分。导语部分要拎清主旨,确定基调,避免语势过平;主体部分承接导语,语气平缓，要加强语句的关联，避免一盘散沙；背景的交代要充分发挥内在语的作用，使得消息的意义凸显；结尾部分顺势做概括、评价，语气舒展，自然收尾。

警惕智能手机应用"消费陷阱"

如今智能手机应用五花八门，在"3·15"国际消费者权益日即将到来之际，德国联邦消费者保护与食品安全局提醒消费者，谨防智能手机应用"消费陷阱"。

德国联邦消费者保护与食品安全局说，手机应用常需某些个人信息或手机特定功能方可使用，但一些应用却要求获得比实际需要更多的访问权限。因此，消费者应仔细查看应用所要求的访问权限。有些情况可以取消应用的个别访问权限，但有些时候消费者只能对应用访问权限"全盘接受"。在担心泄露隐私时，消费者最好放弃安装。

另外，"手机应用内购"问题也应加以防范。应用商店中提供的一些免费游戏极具吸引力，但不是每个免费应用下载后都依然免费。有时免费游戏只能玩上几分钟，当人们想为游戏人物加强装备或使用更多功能时则须付费，且付费方式常常十分简单，很多人尤其是儿童，一旦玩上瘾就很难抗拒手机应用内购的诱惑。

还有，一些骗术可能让消费者收到账单时才大呼上当。德国联邦消费者保护与食品安全局提醒消费者给手机设置应用内购密码，另外使用应用购买预付费卡也可有效控制损失。

散步3公里能强肺

每天行走一定的距离就可以提高肺功能。据美国"健康日"网站近日报道，西班牙学者进行的一项新研究表明，每天至少散步2英里，约合3.2公里，能降低人们因为呼吸疾病严重发作而住院治疗的风险，同时也能降低罹患这种疾病的风险。

科学家发现,不经常锻炼的肺病患者,因肺病发作而住院治疗的比例是热爱运动的患者的两倍。对于这些患者来说,每天步行 2 至 4 英里,约合 3.2 至 6.4 公里是最适宜的运动。

研究团队从西班牙的 5 所呼吸病诊所召集了约 550 名慢性阻塞性肺病患者,根据患者自我报告的他们在一周内的行走距离,研究者计算出了他们的运动量,并把这些数据与病人的住院记录进行了对比。发表在《呼吸病学期刊》上的分析结果显示,保持中高水平体育活动量,如散步等运动的病人住院率只有不常锻炼病人的 53%。

科学家建议,虽然慢性阻塞性肺病患者由于呼吸困难,很难徒步行走较长距离,但他们可以在亲朋好友的陪伴下散步或遛狗,以保持较高的锻炼积极性。坚持体育锻炼对于他们的病情恢复有极大帮助。

海南旅游产业步入转型期

"十一"黄金周,新实施的旅游法给旅游大省海南带来了考验,也为当地旅游产业的转型提供了契机。

这个黄金周到海南的团队游客会发现,以往少不了的购物点、自费景点不见了。在以前,不少游客就是在这些项目上花冤枉钱,旅游主管部门管理起来也非常困难。

新实施的旅游法明确要求旅行社"不得指定具体购物场所,不得安排另付费旅游项目"。但这样一来,海南团队游的报价上涨了 30%左右,直接导致黄金周期间团队游客数量比去年同期日均减少 18%。然而,数据同时显示,到海南的散客大增,占接待总人数的 76.6%,创历史新高。

为了让散客玩得放心、开心,海南各地旅游主管部门纷纷推出新产品,像琼北地区一日游、自驾海岛文化游、三亚千古情实景演出等,弥补了游客在海南白天下海、晚上闲聊的行程缺失。

巴黎圣母院重新布置照明消除"死角"

巴黎圣母院是法国旅游的必去之处。最近,一些细心的游客可能会发现,那里变得更亮堂了。原来,圣母院对内部照明进行了重新布置,不仅在一些光线昏暗的地方增加了灯光,还点亮了一些过去藏在黑暗中的"死角"。游客们现在能更好地领略这座历史建筑的魅力了。

为巴黎圣母院布置灯光可不是装几盏灯换几个灯泡那么简单。这座 800 多年的历史建筑不容有丝毫破坏,不能让照明设备曝露在外,也不能让灯光喧宾夺主。荷兰飞利浦公司承担起了提供和安装新灯的重任,400 多盏崭新的 LED 灯让巴黎圣母院焕然一新。

过去,巴黎圣母院内有多个景点存在照明不足,影响游客观赏的情况,著名的圣母子像就是其中之一。照明设计师重设了这里的灯光,现在雕塑的每一个细节都能清晰地展现在游客眼前。装上了新灯后,美丽的彩色玻璃窗也更显鲜亮。还有一些长期"尘封"在黑暗中的角落,现在也终于被照亮了。

教堂内变得更亮堂了,电费却大幅减少。这都是 LED 灯的功劳。相比过去,新的照明系统用电量大幅减少,达到 80%,并且至少十年都不用维护。

"春蕾计划"让 180 万女童改变命运

"孩子的事是不能等待的",全国妇联中国儿童少年基金会正是靠这种高度责任感来推进让辍学女童重返校园的"春蕾计划",使 180 多万女童因此而改变了命运。

中国政法大学硕士研究生罗磊从小母亲瘫痪在床,全家仅靠父亲很少的一点收入维持生活。就在她家里实在没有能力维持她学业的时候,是"春蕾计划"资助了她,一直帮助她完成了小学、中学、大学的学业。2008 年,她以突出的表现被评为"北京市优秀毕业生",并保送读研。

80年代末,我国每年约有200万适龄儿童失学,其中有三分之二是女童。面临这一严峻的现实,全国妇联1989年在中国儿基会设立了专门帮助辍学女童重返校园的"春蕾计划"。

端午小长假:度假休闲备受青睐　短线游大幅升温

全国端午小长假今天结束,短线游大幅升温,各地度假休闲游备受游客青睐。

京津冀、长三角、珠三角等地区今天迎来口长途客流返程高峰。据交通部门统计,端午小长假期间,平均每天通过公路出行的旅客接近5000万人次,整体客流略有上涨,但没有形成大的客流高峰,各地公路客运站,旅客能随到随走。

铁路方面,端午小长假客流以城际间中短途为主,开行动车组列车321.5对,同比增加125.5对,京津城际铁路及石太、合武客运专线成为热门线路。

今年端午小长假各地推出的"品粽子""观龙舟"等特色旅游线路备受游客青睐,城郊游、自驾游成为游客出行的首选。据各地旅游部门统计,在北京,各大公园端午节第一天就迎客约90万人次,同比增长20%;而可以畅游78个景点的"京津冀旅游一卡通"假日期间为天津带来了65万人次的客流,旅游总收入近5000万元;由于5月四川大部分景区实行价格"洼地"优惠政策,让利全国游客,小长假给四川带来了约810万人次的中外游客,实现旅游收入约24亿元。

今夜,各大城市将打出"老师,您好!"

今年教师节怎么过?其中,在全国各地的地标性建筑上为教师"亮灯"可谓是其中一大亮点。

今年,教育部教师工作司、中国教师发展基金会联合发起"为教师亮灯"公益活动,号召全国各地于教师节当晚20:00—21:00

在地标性建筑上为教师"亮灯",通过 LED 大屏幕滚动播放"老师,您好!"字样,以此弘扬优秀尊师文化,引导社会各界感念师恩、礼敬教师,营造浓厚的节日氛围。

此外,根据教育部发布的 2018 年教师节主题及主要活动安排有关情况介绍,今年教师节还将开展全国教书育人楷模推选、教师题材优秀影视作品展播、当代教师风采公益广告展示、寻找最美教师大型公益活动等丰富多样的活动,为老师们过好教师节。

第七届中国电影节在新加坡举行

新加坡第七届中国电影节 11 号晚在新加坡国立大学拉开帷幕,开幕式上放映了中国影片《红海行动》。

电影节由新中友好协会、中国驻新加坡大使馆及新加坡国立大学校友会联合主办。中国驻新加坡大使馆公参张徐民、新中友协会长潘国驹及新加坡国立大学校友会主席卓训明等在开幕式上致辞。

张徐民说,新加坡中国电影节自 2012 年举办以来取得很好的社会反响。本届电影节展映 4 部不同风格和题材的中国影片,力求将中国电影的独创性、多元性和社会性展示给新加坡观众。

电影节将持续至 9 月 14 号,其间还将放映《捉妖记》《明月几时有》《记忆大师》3 部中国影片。

日本关西机场关闭一周后复航不足两成

日本关西机场 4 号因遭台风"飞燕"重创一度关闭,尽管已经过去一周多了,但目前大部分航空公司使用的关西机场第一航站楼依旧停用,第二航站楼部分恢复航行,但起降航班不到往常的两成。

报道说,关西机场第一航站楼临时运营预计可在本周内开始,但运输功能将在多大程度上恢复尚不清楚。由廉价航空公司

"乐桃航空"和中国的春秋航空使用的第二航站楼,从7号起被多个航空公司"租借"航行,但11号全天起降的航班也仅有97个。

日本国土交通省要求在关西机场全面恢复之前,大阪、神户两座机场增加航班,并就此推进与地方政府的协调。

据关西机场公司介绍,作为日本西部主要空中门户,关西机场2017年度包括货运、客运在内的国际航线平均每天起降航班379架次、国内航线136架次,总计515架次航班。

我国人工繁殖成活又一例 小江豚迎来出生百日

9月10号,一头小江豚在武汉中科院水生所迎来出生百日。虽然它现在还是以吃母乳为主,但像所有顽皮的孩子一样,这头雄性小江豚也开始和妈妈"福七"抢鱼吃了。

福七今年9岁,是水生所2011年从鄱阳湖引进的一头雌性江豚。中科院水生所副研究员郝玉江告诉记者,去年8月,科研人员通过B超检查发现福七疑似怀孕,然后通过孕酮激素检测得到确认。他们为福七准备了它最喜欢吃的小鲤鱼搭配精挑细选的鳑鲏鱼,同时还为它专门新装修了位于繁殖厅的"产房",并定期通过B超检查胎儿的发育状况。

6月2号凌晨1点零1分,训练员主管王超群发现福七生殖孔有黄色膜状胎衣露出。6点25分,母豚安静地漂浮于水面,并持续勾尾,幼豚慢慢娩出。14点24分,胎盘完整娩出,至此分娩过程顺利结束。临近零点,训练员才首次观察并确认幼豚吃到母乳。

小江豚生长非常迅速,营养需求也不断加大。训练员通过增加饲喂餐数,调整活饵比例来保证豚妈妈的营养。一个月后,小江豚的行为也越来越丰富,开始表现出吐水、捕鱼、跳跃、追逐等多种行为。8月13号,训练员首次确认小江豚吃到第一条小鱼。现在,小江豚已满100天,进入了一个混合营养期,行为上也开始表现得更为独立。

伦敦发起慢节奏生活运动

英国首都伦敦计划从 21 号起发起一项为期十天的"放慢脚步伦敦"活动,希望在快节奏的现代社会里,长期处在紧张和压力下的人们,放慢生活的脚步,给自己一些时间享受生活,同时思考生命的真谛。

活动期间,所有在伦敦生活的人都会成为监测对象。走路速度过快的人会收到"超速"警告单,并被劝说参加一堂艺术课程的培训。

发起者表示,快节奏的生活使越来越多的人健康状况恶化。"放慢脚步伦敦"不只是一项活动,更是对现代生活的反思,因为"慢节奏生活"的本质并不是懒惰,而是对生活的珍视。

三、新闻专稿

新闻专稿融合写人、绘景、状物、抒情多种表现手法来增强表现力,亲切自然、生动活泼。播读时,用声是中音区实声,音量适中,声音色彩丰富,以声音的虚实、明暗等对比变化来适应新闻专稿表情达意的需要。

边境哨所夫妻兵

中哈边境有一座哨所,一对民兵夫妇甘守清贫与寂寞,23 年风雨无阻巡边、守水、护林。记者昨天走进了这座位于新疆古尔班通古特沙漠西北的偏远哨所。

晚上 8 点,天已经黑了,兵团 185 团民兵马军武和妻子张正美一脸疲倦地返回哨所。他们值守的桑德克哨所距离中哈边界 30 多米,离团部却有 20 多公里。巡边、守水、护林成为这对夫妻工作、生活的主题。

巡边,最苦的是冬夏两季。对此,张正美感受深切。"夏天,蚊虫小咬太多了。用纱巾把脸什么全都捂起来,什么蚊子油、香水啊,能抹的啥都抹。冬天零下三四十度,马军武的胡子、眉毛全都冻成冰碴碴。你说不苦是假的。"

远离团场、连队,周边是界河、丛林和一望无边的沙山。寂寞的时候,妻子张正美就唱歌,用歌声激励自己,也充实单调的生活。1988年至今,夫妻两人驻守边境哨所,没有后悔,也没有退缩。23年来,他们守护的边界没有发生一起违反边防政策的事件。

如今,在国家和兵团支持下,桑德克哨所通了柏油路,用上了电,建起了砖瓦房。这对哨所夫妻兵又在房前栽了果树、种了蔬菜,屋后建起了鸡舍、羊圈。马军武说:"我是兵团人嘛,把咱们边防一线守好、护好,必须把哨所当作自己的家,这也是自己的责任。"

曹佰库:敢于碰硬的带头人

为打破盾构机制造日、德等少数国家垄断的局面,2005年沈重和法国一家公司合作,开始生产中国的盾构机。大型盾构机由上万个零部件组成,重点和难点都在装配制造上,而且装配精度要求很高,重要部位齿轮间啮合误差不能大于一根头发丝。

曾在重大产品装配制造业内创造了无数个第一的曹佰库和他的工友们接下了这个难啃的骨头。

但他们毕竟没有摆弄过盾构机,一个又一个困难接踵而来。这台盾构机前盾部分由两瓣组成,重达156吨,而车间现有的吊车只有150吨的起重能力,根本无法按照装配规定让盾构机在空中翻转、组装。

但是凭着丰富的装配制造知识以及多年积累的经验,曹佰库大胆提出把空中作业变成了半空中作业,这个盾体一面着地一面在空中进行翻转,终于取得了成功。

就是这样从零开始,短短的四年时间,曹师傅和他的团队累计装配了25台大型盾构机。实现了重大技术创新上百项,自制了上百套工装卡具，为企业创造数十亿元的经济价值，北方重工也一跃成为世界第二大盾构装配生产企业。

消防英雄——郑忠华

7月7号，福建省将乐县持续遭受暴雨侵袭，安福口溪山洪暴涨。万安村王建斌等6名村民因牵绑固定捞沙船，被洪水困在河中央的孤岛上，情况万分危急。

接到群众报警，将乐县公安局决定用冲锋舟渡河救人。"我会游泳，我上！"消防战士郑忠华穿上救生衣，第一个跳上冲锋舟，与冲锋舟驾驶员范启金直奔孤岛，把6名受困群众引上冲锋舟返回。没想到，冲锋舟到河中央时发动机突然熄火，冲锋舟失去控制，急速往下漂流。船上群众惊慌失措，冲锋舟开始剧烈颠簸。"不要慌，我们一起用手拨水，"郑忠华一边稳定群众情绪，一边寻找机会。在一个弯道口，郑忠华用竹篙奋力钩住岸边的小树干，6名群众在他的指挥帮助下一一跳船并顺利上岸脱险。然而，此时洪峰再次袭来，将冲锋舟猛烈推向河中间，郑忠华在范启金的指挥下跳水，并奋力向岸边游去，但由于山洪湍急，两人先后被洪水卷入坝下，瞬间不见人影。在水坝下游2000米处，奄奄一息的范启金被救起，郑忠华却消失在湍急的洪水中。

在接下来的4天里，河中漩涡处、泥沙堆集点、芦苇草丛中，人们一遍遍地反复搜寻英雄。7月11号上午，搜寻队伍在距离事发地约8公里的拦木河坝发现了英雄的遗体。7月13号，在将乐县举行的追悼仪式上，数以万计的人们从四乡五里赶来了，他们眼含热泪，紧随着灵车，送了一程又一程。

马鹏飞：我是奶奶的"大树"

14岁的沈阳初中生马鹏飞，边上学，边照顾身患重病的奶奶，用稚嫩的肩膀挑起生活的重担。

早上5点起床，给奶奶穿衣服、洗漱、打针、吃药、做早饭，还要把奶奶中午的饭菜做好,7点钟去上学。从七八岁开始,马鹏飞的每个早晨都是这样渡过的。

鹏飞的父母把他生下后不久就离婚了。妈妈离开了家,后来,爸爸出去打工,一走就是很多年,家里只剩下他和奶奶,祖孙俩靠奶奶微薄的退休金生活。鹏飞5岁那年,奶奶得了糖尿病并发症,两只眼睛相继失明,照顾奶奶的重担压在了小鹏飞的肩上。

随着奶奶糖尿病的加重,每天早晚都得到社区门诊所打胰岛素。可过年过节社区门诊所休息,因为不忍心看着奶奶被病痛折磨,小鹏飞在奶奶的鼓励下,帮奶奶扎了第一针。

因为帮奶奶扎针扎得次数多了,鹏飞便十分神气地管自己叫"马大夫"。

这两年,知道他们祖孙俩事情的人多了,大家也开始帮助他们。学校免除了小鹏飞的学杂费,民政部门还特别为祖孙俩办理了低保,他们所在的区为他们提供了5年的廉租房补偿金。现在,社区的工作人员每个周末都会去看望他们。

选举官员骑大象送选票

本月16号,印度"马拉松大选"的第一天,投票活动在印度全境多个地区举行。在印度和缅甸的交界带,选举官员们骑着大象为穷乡僻壤的选民们送去选票。而在孟加拉湾安达曼岛,选票更是在海上航行了两天才抵达。

在恒河边上的圣城瓦拉纳西,许多住在边远地区的选民们骑着自行车、赶着牛车来到投票点,耐心地排成一条条长长的彩色队伍。投票机器上是象征各党派的图案的按钮,女人们带着孩子,身着传统纱丽,郑重地按下她们中意的党派按钮。

而影响选民投票的因素则五花八门,既有种姓阶层、宗教派别、经济状况、国家安全这类国家大事,也有如村里抽水系统、大象踩踏村民等地方"琐事"。

"作为这个国家的公民,我们需要用于发展的基本设施,比如电力、水供应以及年轻人的就业。"60岁的农民帕特尔说。

一位名叫卢卡萨那的妇女身着长袍,她说"政府首先应让贫民吃饱饭。我们的孩子没有食物,所有的东西都很贵,我们没法承受这样的价格。"

最美导游文花枝

"我是导游,先救游客!"中国女孩文花枝在生死关头把生的希望让给游客,把死的威胁留给自己,充分展示了新时期导游人员的良好精神风貌和崇高思想境界。

8月28号,陕西洛川,一场旅游途中突如其来的车祸,让原本充满欢声笑语的车厢顿时陷入极度的恐慌之中。旅游大巴车被撞得严重变形,车内血肉模糊,乱作一团。危急时刻,车厢里传来导游文花枝"挺住!加油!"的鼓励声。这个声音虽然微弱,却透着一股沉稳、坚定,像黑暗中的一线光束,让受伤、受惊的游客从死亡的噩梦里看到生的希望。其实,在这起6人死亡、14人重伤的重大交通事故中,文花枝是伤得最重的一个,但她一直牢记自己的神圣职责。当施救人员一次次向她走过来,她总是吃力地摇摇头说:"我是导游,我没事,请先救游客!"在长达两个多小时的救援时间里,她多次昏迷,但只要一醒过来,就不停地为大家鼓劲、加油。文花枝是最后一个被救出来的。

由于延误了宝贵的救治时间,医生不得不为文花枝做了左腿截肢手术。她才20多岁,正值一个女孩最灿烂的青春年华。得知自己失去了一条腿的残酷事实,出事之后一直没有流泪的花枝流泪了。但几分钟后,再抬起头的她眼里已没有了泪水。也就是从这天起,花枝还是像从前那样,总是用微笑面对一切。

四、新闻短评

新闻评论是评论者针对新闻事件或新近出现的问题和动向

直接明确地发表观点,表明态度,提出解决办法。新闻评论的特点是观点鲜明,逻辑严谨,以理服人。新闻短评是篇幅短小的新闻评论,论题集中,分析扼要,语言简洁明快,一般配合新闻播出。在声音的运用上,应声音明亮,字音饱满有力度,语气平实,语势常扬,节奏顺畅。

加大绿色宣传,减少外卖垃圾

近年来,网上订餐逐渐走进人们的生活,越来越多的人已经习惯通过手机 App 或者电话叫外卖,大量的餐饮包装垃圾也就随之产生,像塑料或发泡餐盒、塑料袋、一次性筷子等,构成了外卖垃圾的主要部分。根据美团外卖、饿了么、百度外卖等公布的数据,这三家外卖平台的日订单量在 700 万单左右。据此我们可以粗略地算一笔账,按照每一单外卖用 1 个塑料袋,每个塑料袋是 0.06 平方米来计算,每天所用的塑料袋可覆盖 42 万平方米,相当于 59 个足球场。在外卖逐渐成为人们的生活习惯的背景下,如何减少外卖垃圾,要靠政府部门加大绿色发展理念和建设两型社会的宣传。在叫外卖时,减少对一次性筷子的使用;加大环保政策的执行力度,降低塑料袋的使用量;引导和鼓励餐具制造企业创新并加大对环保型餐具的生产,为餐具的二次使用、回收利用或掩埋分解提供更多可能性。

编造传播谣言须依法惩处

北京市公安机关对在网上编造谣言者依法予以拘留,对在网上传播相关谣言的其他人员进行了教育训诫;国家互联网信息办公室对一批传播谣言的互联网站依法进行了查处。这再次证明编造传播谣言必将受到法律的惩处,再次显示了法治对维护互联网健康环境的重要作用。

网络是虚拟社会,但虚拟社会与现实社会密不可分,直接关系到现实社会的和谐稳定。网络谣言把谎言包装成"事实",将猜测翻转成"存在",在网上兴风作浪,扰乱人心。如果任其横行,将严重扰乱社会秩序,影响社会稳定,危害社会诚信。这也再次警示我们,无论互联网站还是网民,都要增强法律意识,依法办网,依法上网,共同维护健康的网络环境和良好的社会秩序。

为农村公路系上安全带

每一块交通标志牌,上面都以文字或者图案的形式记载着所处公路的各种信息,对于出行者而言是不会说话的指导员、好向导,犹如给农村公路系上了安全带,为人们提供明确信息以利于通行。

但是,当前大量的农村公路严重欠缺交通标志设施。究其原因,规划时,只重视主体工程,轻视交通安全设施建设;建设时,总体投入不足,建设资金难以保障;使用时,农村司机自认为"轻车熟路",主观上认为标志可有可无,甚至有偷窃、破坏行为;管理中,缺乏明确的管理规定和持久的治理力度。

由此可见,要真正提高农村道路安全管理水平,给农村公路系上安全带,是一项艰巨而细致的工作。交通标志设施的建设应根据农村公路及其行车的特点,因地制宜,考虑以指路、警示类为主,统筹规划,灵活应用,满足不同出行者的安全需要。

谁在纵容"李鬼"

如果有人发现美术作品被侵权,意味着人们的法律意识和维权意识在一天天地提高,但同时也暴露了一个严峻的现实:美术界的原创力明显不足,作为美术作品知识产权的核心才常常被抄袭;人们对于著作权的认识还有些模糊,许多人没有意识到即便复制、抄袭或篡改的作品用于公益事业也超出了著作权的合理使用范围;人们对于美术作品的特殊性认识不够,美术作品具有直观性与恒定性,不像舞蹈等表演艺术一样稍纵即逝,因此美术作品在视觉方面的影响力更为直接、更为广泛、更为长远。一幅保存完好的古画珍品,即使穿越千年的时光,也能够以真切的笔墨、造型、色彩和令人遐想的意境带给今人震撼,价值恒久,而抄袭和照搬等侵权之作,即使得其形也必将失其神,哪怕是高仿,无论是历史价值、艺术价值,还是经济价值,与原作相比都不可同日而语。

正是因为认识上的不足,许多人才对美术作品的著作权问题掉以轻心;正是这种掉以轻心,纵容了美术作品的各种侵权现象。长此以往,文化创新的生命力何在? 中国艺术的精神何在? 侵权犹如美术领域的沙尘暴,危害不可小觑,还需依法积极防治。

"0"分通报,启示背后的危机

中国科学院大学人文学院副教授苏湛用文言文给22个学生发"0分通报"后火了。"凡今抄袭者,一经查实,不问考勤,皆黜落。"而他"黜落"的方式是,给22位期末作品涉嫌抄袭的学生直接打了0分。

这个话题能在网上成为热点,可见大家对抄袭现象的深恶痛绝。不过,不同于以往有学者论文、学位论文被曝光抄袭,这次的案例仅仅是大学生的期末作品的抄袭。不客气地说,国科大这件事只是部分高校学生对待学术和作品不严谨态度的冰山一角,只是因为这些学生遇上了特别严格的老师,加上事件发生在国科大这样的名校,才引起了媒体和舆论的格外关注。而在不少高校,本科毕业论文"灌水"者大有人在,老师只是"睁一只眼闭一只眼",考虑到学生就业难的现状,一些"心软"的老师对学生作品也就"放水"了。

苏老师的严格可谓给很多心存侥幸的学生敲响了警钟。其实,不管是毕业论文还是期末作品,不能抄袭都是一个无可争议的底线,而且,任何微小的错误若得不到纠正,就很有可能在以后酿成大祸。苏老师严格要求学生,严肃对待抄袭问题,最终维护的是教学质量,呵护学生的健康成长。

如此仿瓷餐具　怎能任其泛滥

　　仿瓷餐具由于轻便、不易碎,孩子们用得尤其多。专家告诉我们,尿素甲醛树脂在相对较高的温度下,遇到水就会溶解出甲醛,而甲醛是一种公认的致癌物质,因此用尿素甲醛树脂生产的仿瓷餐具,对消费者、特别是孩子的健康存在巨大安全隐患。

　　从我们的记者在生产和流通环节的调查采访来看,用尿素甲醛树脂违规生产仿瓷餐具几乎是业内公开的秘密,这种仿瓷餐具在市场上占的比例可谓触目惊心。这不禁让我们想起了三鹿奶粉事件。相信每个人都不愿意看到在仿瓷餐具行业也发生类似的事件。食品安全大于天,各地政府和有关部门应尽早采取切实有力的行动,标本兼治,让消费者用上放心的仿瓷餐具。

第十六单元　主持类

播音员主持人播读主持类稿件时,要字音规范,重音准确,声音明快,干净利落,语句流畅,并要注意吐字的力度;声音的运用一般在中声区,结合胸腹联合式呼吸,使有声语言既朴实自然又庄重大方。

一、生活服务类

寻访城市美食

这里是《城市最亮点》,我们先来关注兰州的美食。牛肉面是兰州最经典的美食之一,而打着"正宗兰州拉面"招牌的饭馆儿,更是遍布全国,但到底正宗不正宗,还真有待考证。早在六七年前,甘肃省质量技术监督局就发布过相关标准,其中具体规定了牛肉面的品质、品种、规格、技术要求、感官要求等,拉面馆也被划分为四个等级。为了维护这块金字招牌,兰州市商务局决定从今年开始,进行"正宗兰州牛肉面"商标授权工作,商标图案以绿色为主,图案像个牛头,又像是一个拉面的动作。从今以后,只要看看饭馆有没有挂出这块授权商标,就知道你吃的牛肉面正不正宗了。

提到重庆美食,火锅当然是最有特色的。目前重庆全市大大小小、各具特色的火锅店一共有5万多家,直接从业人员达到200多万人。但由于这个行业进入门槛低,存在很多问题。所以近日,重庆火锅协会就表示,即将实行火锅店的"分等定级",方便市民进行自主选择。火锅协会目前已经制订了《重庆市火锅店分等定级标准》，将火锅店划分为特级店、一级店、二级店、三级店四个档次，并严格界定各等级在技术、服务、质量、装修、设备方面的相应条件。这样一来，不仅可以更好地引导餐饮企业规范经营、错位发展，也可以让市民更容易辨别火锅的档次。

护肤的门道

近年来不断恶化的环境，不断加快的生活节奏，加之人们护肤知识的匮乏，让我们的皮肤面临越来越严峻的考验。据世界卫生组织最近的一项调查，在黄种人中皮肤处于健康状态的不到10%，处于病态的超过20%，而皮肤处于亚健康状态者则高达70%。受调查的绝大部分人的护肤知识来自自学。护肤美容市场的不规范，更使消费者感到无所适从。那么什么才是真正的护肤之道，呵护皮肤到底该怎么做呢？

食品添加剂之惑

说到食品添加剂，对大部分老百姓来说，既熟悉又陌生。熟悉的是我们几乎每天都能在自己吃的食物包装上看到各种各样的食品添加剂。可是究竟什么是食品添加剂，很多人没了概念。现在社会上很多食品安全问题，到底跟我们今天说的食品添加剂有没有直接关系呢？今天我们请到了两位权威的专家，为您进行全面解读。

家庭中的安全隐患

今年年初，有关部门对600多户中国家庭进行了一项"安全检查"，发现了存在于现代家庭的十大安全隐患，这里就为您罗列出几项，看看您家里是不是也存在这些容易被忽视的安全隐患。

▲在厨房里，90%的家庭会在烹饪的时候中途走开，60%经常走开。而正确的做法是：不应该随意离开厨房，用完燃气后，尽量养成关闭总开关的习惯。

▲70%的家庭中没有安装烟雾报警器,甚至23%的家庭从没有听说过。其实,有条件的家庭应尝试安装这个小玩意儿,并定期检查电池。

▲40%的家庭电话旁没有紧急联系电话。在遇到紧急事件的时候,人因为慌乱,很可能大脑出现空白,所以建议您制作一张紧急电话号码卡,并写上详细的家庭住址,放在电话旁备用。

▲除此之外,安全专家还建议,家庭灭火器不应该放在厨房等火灾隐患地,放在卧室最合理;而打火机、烟灰缸等,应该远离卧室,特别是床头。临睡前,应该关闭取暖器的电源或设置自动关闭时间;家庭接线板上的插头,最好不要超过3个。

养生美食:建莲红枣汤

主持人:今天我们要推荐给您的养生美食,就是这道贾宝玉爱喝的建莲红枣汤。一听这名字,就知道它很滋养,但是贾宝玉喜欢喝它,可能不仅仅是因为这道汤有滋养的作用,那么它除了滋养之外,还有什么特殊的地方吗?让我们先去看一看配料,回来再告诉您。

解 说:制作这道宝玉爱喝的建莲红枣汤,您需要准备干莲子200克,红枣100克,红糖50克。要知道这道建莲红枣汤有什么特别之处,还得从宝玉的皮肤说起。按照书中的描述,贾宝玉的皮肤那是面如敷粉,肤如凝脂,用现代人的话说,那可是一种健康美。而这种健康美,在中医专家看来,反映了宝玉的身体气不虚,血不弱,而这就和他爱喝的建莲红枣汤有关系,特别是里面的红枣。

主持人:为什么说要想皮肤好,粥里加大枣呢?因为想要皮肤白皙,维生素C是不可缺少的。维生素C能够减少皮肤上的色素沉着,预防斑点的形成,所以维生素C又叫作"皮肤美白剂",而新鲜大枣中的维生素C含量比苹果、桃子要高出100倍左右,可见"要想皮肤好,粥里加大枣"这句话,真是所言不虚啊。而宝玉每天坚持喝建莲红枣汤,看来也是有一定道理的。但是可能您还有一个疑问,既然大枣的美容养颜功效这么强,干吗还得和莲子一起煮啊,熬点红枣粥多省事啊。哎,堂堂贾府,吃每样东西那都是很有讲究的,而且这道药膳既然叫建莲红枣汤,那就说明这个莲子的背后也是大有文章的。下面还是让我们先去看一看这道宝玉爱喝的建莲红枣汤怎么制作,回来咱们再接着聊!

解　说:《红楼梦》提到的建莲,是产自福建建宁的莲子。如果您买不到建莲的话,用普通莲子也可以。原料准备齐了,下面就开始制作。首先需要找两个大盆,倒入清水,把红枣和莲子分别泡进去。红枣需要在清水中浸泡 30 分钟左右,而莲子需要浸泡两个小时。两个小时之后,在砂锅中加入适量的清水,然后把浸泡过的红枣和莲子一起放进砂锅里。这时候先用大火烧开,烧开以后,再转成小火继续煮 30 分钟。30 分钟之后,就可以根据个人口味,加入适量红糖。加入红糖之后,搅拌一下,等红糖完全化开之后,就可以出锅了。

预防感冒的常用方法

虽然感冒来势汹汹,但通过一些有效的方法,我们还是可以预防、避免的。在这个感冒多发的季节,这些有效的方法,您都可以试试。

方法一:热水泡脚。

每晚用较热的水(温度以热到几乎不能忍受为止)泡脚 15 分钟。要注意泡脚时水量要没过脚面,泡后双脚要发红,可预防感冒。

方法二:生吃大葱。

生吃大葱时,可将油烧热浇在切细的葱丝上,再与豆腐等凉拌着吃。不仅可口,而且可以预防感冒。

方法三:盐水漱口。

每日早晚、餐后用淡盐水漱口,以清除口腔病菌。在流感流行的时候更应注意用盐水漱口。此时,仰头含漱使盐水充分冲洗咽部效果更佳。

方法四：冷水浴面。

每天洗脸时要用冷水，用手掬一捧水洗鼻孔，即用鼻孔轻轻吸入少许水（注意勿吸入过深，以免呛着）再擤出，反复多次。

方法五：按摩鼻沟。

两手对搓，掌心热后按摩迎香穴（位于鼻沟内、鼻翼外缘中点）十余次，可以预防感冒及在感冒后减轻鼻塞症状。

方法六：呼吸蒸汽。

初发感冒时，在杯中倒入开水，对着热气做深呼吸，直到杯中水凉为止，每日数次，可减轻鼻塞症状。

二、新闻评论类

"低价药"能"低价"救活吗？

观众朋友，晚上好！刚才这个短片里一些人的观点应该说是很有代表性的，很多人看完之后会深有同感。我们日常生活中经常用的一些既便宜又好用的药，比如止痛片、青霉素、绿药膏、扑热息痛，身边的药店里面越来越少，而且你要想买到它们是越来越难了。就在今天，国家发改委发布了一个通知，叫作关于改进低价药品价格管理有关问题的通知。这个通知是不是能够拯救这些越来越少的低价药呢？今天我们就一同来关注。

抗生素的警告

不久前，在全国展开的打击违法食品添加剂的专项整治行动中，有一种物质被列入黑名单，叫作解抗剂。解抗剂是用来掩盖牛奶中残留的抗生素的物质。这样一个听上去有些怪异的新名词将一个潜伏了很久的老话题再次推到我们的眼前，这就是抗生素滥用问题。抗生素不能滥用，这看上去的确是一个尽人皆知的老话题,但是,我们真的了解抗生素吗?我们真的会合理使用它吗?今天的《新闻调查》为您揭开的是抗生素的秘密。

警惕传销骗术向手机端转移

时下,利用手机 App 记录行走步数成为很多人的生活习惯。借助"互联网+",人们开始更科学合理地制定自己的健身计划。但也有少数不法分子嗅到了其中的"商机"。近日,一家以"走路就能赚钱"为噱头的网红 App"趣步"及其开发公司,因涉嫌传销等行为被工商部门立案调查。

"每天走够 4000 步,每月至少赚 200 元",这样的宣传词瞄准了一些用户的心态。但进入该款应用软件后,人们会发现,健身不过是一个幌子,通过完成任务或者推广应用来获得虚拟币,才是在平台上获益的主要途径。从"在家创业"到"免费获利",从打"微商"旗号到贴"连锁经营"标签,再花哨的包装也无法改变其违法本质。非法传销的伎俩之所以得逞,是因为一本万利乃至无本万利的许诺迎合了一些人的错误理财观念。从常理看,风险一定时,投资者会选择预期收益最大的组合;预期收益一定时,投资者会选择风险最小的组合。

以各种名目出现的线上传销骗术极具迷惑性,这为监管、整治工作带来新的挑战。针对传销行为新形态,相关部门应及时制定相应的法律法规,填补法律空白,织密打击违法犯罪的法治网;从理论、技术等方面提高监管的专业化水平,及早发现、化解相关问题;加强 App 上线审核和日常监督,密切防范风险。

"后厨上网"有助食品安全

据报道,河南省目前已有近 2 万家餐饮单位"后厨上网"。今年年底前,河南 18 个省辖市城区的餐饮单位将全部按要求实现摄像头全覆盖,让后厨操作通过互联网监管平台"实时直播"。

关于食品安全问题,由于无法看到食品在制作过程中的安全问题,很多群众通常以自己的认知作为判断标准,靠视觉感官来评判。只有让食品制作"看得见",保障群众的知情权与监督权,才能有效保障"舌尖上的安全"。目前,近2万家单位"后厨上网",各餐饮单位按照标准在后厨各个区域安装摄像头,实现对清洗、切配、烹饪、留样、消毒等全流程实时监管,提高了"明厨亮灶"的覆盖率,让人民群众真正吃得放心、吃得安心,值得点赞。

通过"直播",群众能从以往"可感"转变为"可视""可知""可查",可以对餐饮单位厨房的食品清洗消毒、切配烹饪、凉菜加工和环境卫生等环节进行监督,防止不安全制作行为发生。同时,也有利于敦促餐饮单位和员工履行主体责任,增强自律,自觉遵守相关食品安全制度,加强内部管理,把好餐饮食品卫生质量关,确保加工、制作、销售的食品安全。

别拿乘客的生命安全当儿戏!

近日,"女乘客晒飞机驾驶舱合影"引起广泛关注。4号,桂林航空有限公司发布"关于乘客进入飞机驾驶舱的事件说明",确认该事件发生在今年1月4号桂林航空GT1011桂林—扬州航班上。桂林航空决定对当事机长终身停飞,对涉事其他机组成员无限期停飞,并接受进一步调查。

飞行安全事关全体乘客和机组人员的生命安全,容不得半点任性。对拿乘客的生命安全当儿戏的行为必须零容忍。此次事件一方面暴露出个别机长责任心不强、安全意识淡漠;另一方面也说明该航空公司在安全管理方面存在漏洞,毕竟事件发生在年初,时隔10月有余才被曝出。

这次事件也许是个别事件,但我们绝不能把希望寄托在万幸之上。机长和相关机组人员要提高安全意识和责任意识,时刻保持高度警惕,不能有片刻松懈。各航空公司也要进一步加强员工安全意识培训,加大整治和巡查力度,消除安全隐患,坚决遏制类似事件的发生。

让老人走出"带娃"困境

中国现有随迁老人近 1800 万人，占全国 2.47 亿流动人口的 7.2%，其中专程来照顾晚辈的比例高达 43%。二孩时代的到来，让老人距离"松绑"的日子更加遥遥无期。的确，不论是 80 后还是 90 后，或多或少都有过被爷爷奶奶照顾的经历，老人带娃这种独具特色的育儿方式在我国早已成为常态。

如今，许多年轻父母工作忙碌、生活压力大，能放弃工作当专职父母的年轻人少之又少。老人们"重出江湖"，弘扬不怕苦的精神，为子女分担一些带娃的压力也在情理之中。一方面，大部分家庭无法负担高昂的保姆费用。另一方面，老一辈退休后生活单调，带娃成为一种令人心情愉悦的劳动。

当然老人带娃自然会产生各种各样的问题。随着新一代父母育儿观念的转变，"带娃"不仅仅是照顾吃喝拉撒的粗放式劳动，更是全方位开发孩子智力的高智商工作，这对老人是一个不小的挑战。老人的话语权被年轻人的各种"育儿攻略"所剥夺，家庭矛盾也因此累积。长期带娃也导致老人睡眠质量下降、心情焦虑、精神高度紧张，生病在所难免。除此之外，老人长期带娃也让年轻父母缺乏与孩子的沟通交流，影响孩子的身心健康，父母的责任意识也愈发淡化。

"冰冻三尺非一日之寒"，解决隔代抚养的问题需要整个社会的共同努力。随着二孩生育高峰的来临，政府亟须完善儿童医疗、幼儿教育、生育假期等配套政策，并通过加大财政补助、加强市场监管、规范幼托市场等减轻育儿负担。同时，社会也应给予二孩父母更包容的态度，如实施弹性工作、在家办公等制度，让年轻父母有时间照顾孩子。另外，可以探索设立工作场所幼儿托管机构，让年轻父母能带娃上班，让老人真正摆脱困境，安享退休生活。

宿管阿姨圆教师梦:坚持和积累是她的自我成全

近日,一位宿管阿姨圆梦的经历引发舆论热议。

据媒体报道,汤阿姨原名汤杏芳,年届五十,出身农村,虽然只有小学毕业,却从小酷爱写作。她原本是杭州电子科技大学的一位宿管阿姨。这学期,该校开设了一门名为"写作与沟通"的公开课。11月7号,汤杏芳作为该系列课程的第三位任课老师,登上讲台。

只有小学学历的宿管阿姨登上大学的讲台,老实说,这所学校的做法看上去着实有些大胆。不过,细看汤阿姨的履历,学校的这个决定又不让人意外。据媒体报道,她曾在工作之余,在6年的时间里写下6部中长篇网络小说,总共约200多万字。她写的小说"文字凝练,不拖泥带水",就连该校人文与法学院的教授也评价说"第一次读她的小说时,我以为是一位专业作家写的"。就在2018年,汤杏芳被浙江省网络作家协会邀请,成为一名会员。

一个真敢请,一个真敢教,这个发生在杭州电子科技大学的趣事,体现出的是这所学校唯才是举、英雄不问出身的态度,值得肯定。当然,"没有金刚钻,别揽瓷器活",教书育人非小事,坚持长期写作并得到社会认可的汤阿姨确实有"硬核技能",才能登上大学讲台,真正得偿心愿。

这是一种成全,成全汤阿姨的既是这所开明的学校,更是她自己的勤奋、努力和不放弃。"让鱼骨充满鱼肉,最终变成鱼的样子。"这是汤阿姨传授给学生的写作经验,也是汤阿姨自身经历的一种总结。

小学毕业后在家务农,后来做了宿管阿姨,但是始终坚持就像"鱼肉充满鱼骨"一样,丰满了她的写作梦想。站上大学讲台,获得网络作家学会的认可、学校教授的肯定,则是时间带给汤阿姨的回响。

宿管阿姨、网络作家协会会员、写作课老师,这三个身份标签的叠加与反差,是大众津津乐道的话题。这三种身份背后汤阿姨对梦想的坚持和她为此付出的努力,更打动人心。

　　有趣的是,在此之前,这所学校也走出过一位会写诗的食堂师傅,他同样多年笔耕不辍。食堂师傅写的诗能"发表"在高校食堂窗口上,会写作的宿管阿姨能登上讲台,大学校园的"藏龙卧虎",也彰显出学校对员工在文化意趣上的鼓励与支持。

　　当然最重要的是,宿管阿姨被邀请开写作课、大学食堂师傅写诗走红、外卖小哥在《中国诗词大会》中夺冠……这些事例无不表明:只要有梦想,人生就有无限可能;梦想没有高低,坚持就有绽放的可能。

三、节目预报类

　　自20世纪20年代中期至40年代末期,宋家三姊妹可说是全世界最有名的"姊妹花"。在一个"山雨欲来风满楼"的时代,她们选择的婚姻使她们的命运与中国大时代的变迁紧密相连,也使她们在风云变幻的中国历史上留下了不可磨灭的足迹,亲情、爱情、家国之情又让她们经历了怎样的分分合合?《子午书简》于6月25日起推出《宋氏三姐妹传奇》系列节目,讲述宋庆龄、宋美龄、宋霭龄的传奇故事。敬请关注!

　　中央电视台科教频道6月1日起实施"暑期特别编排"。CCTV-10将在保留优势栏目的基础上,在上午、傍晚和深夜时段分别推出符合频道定位与暑期观众特点的三档主题系列特别节目。三档特别节目分别为:介绍动物知识和人与自然和谐共生的自然类系列节目《探秘自然》,解读电影中人生百态的文化类系列节目《2014暑期电影总动员》,揭示太空奥秘和天文科学的科普系列节目《天地科学季》。精彩节目就在央视科教频道,欢迎收看!

这是一个献给小朋友们的节目。世界上充满了令人惊奇的动物家族，生死的故事每天都在发生。对于动物家族中最年幼的成员来说，能够顺利地长大是非常艰难的。《动物世界》栏目将于每周六播出的《成长日记》系列节目再现了它们惊险的生活。我们将追述3种不同动物的奇异的成长足迹。《动物世界》栏目将在6月2日至6月6日播出。

天气渐热，市民的"夜生活"越来越丰富。宜昌市民有"吃夜宵"的习惯，华灯初上，三五好友、下了班的年轻人、约会的小情侣，烧烤、小吃……一切都带着"烟火气息"。宜昌夜市江鲜土菜有长江肥鱼、土泥鳅火锅、藕汤排骨等。本期《消费主张》带您了解"中国夜市全攻略：湖北宜昌"。

一个大国的经济宏图，史无前例的工程，海底造大桥。林鸣是中国交建总工程师，港珠澳大桥岛隧总工程师。他是海底造大桥的绝对灵魂，他40年焊接大江瀚海，一辈子逐梦天堑通衢。本期《财经人物周刊》带您走近中交港珠澳大桥岛隧工程项目总经理、总工程师林鸣。

群山之中，一座千年大佛像悄然消失，到底是民间传说还是真有其事？寻佛老者历尽艰辛寻找大佛像，摩崖大佛像能否重现人间？6月29日周一14:50，敬请关注《百科探秘：消失的大佛》。

四、天气预报类

北京人民广播电台。各位听众！现在播送北京市气象台今天早上6点发布的北京地区天气预报。

今天白天：晴间多云；风向偏南，风力五六级；最高气温零下2

摄氏度;紫外线指数三级。

今天夜间:多云有轻雾;风向南转北,风力三四级;最低气温零下10摄氏度。

今天山东泰安、临沂下起了农历新年的第一场雪,雨凇、雪凇、雾凇三种景观同时出现在泰山之巅,给节日出游的人们带来了意外的惊喜。另外,东北、山西、河南的部分地区今天也都出现了降雪,由于强度不大,没有对人们出行造成大的影响。

江苏、湖北大部分地区今天告别了连日来的大雾,迎来了一场春雨,但是江西、浙江等地的大雾依然没有消散。气象部门预计,明后两天南方地区仍会有雾出现,福建、浙江、安徽、四川局部还将出现浓雾天气。

受蒙古地区东移南下的较强冷空气影响,北京市今天白天风力将逐渐加大到五六级,气温也随之明显下降。预计今明两天的最高气温只有$-5℃$至$-6℃$,夜间最低气温可达$-13℃$左右。气象专家提醒,今天天气非常寒冷,加上四五级的大风,不太适宜人们从事户外活动,外出的人们要注意防风保暖。

预计受来自中西伯利亚较强冷空气的影响,未来三天,我国中东部大部地区先后将有大风降温和雨雪天气;淮河以北大部地区的气温将下降$6—12℃$,华北北部和东北等地部分地区的降温幅度可超过$12℃$。

第十七单元　绕口令

绕口令属于流传于民间的口头文学,是播音练习中不可缺少的形式。它语言生动形象,富有变化,读起来十分绕嘴。绕口令可以锻炼发音器官的灵活性,可辨正语音,练习吐字归音、气息控制和口腔控制等技能。绕口令是灵敏度很高的发音"听诊器"。

葡萄皮儿

吃葡萄不吐葡萄皮儿,
不吃葡萄倒吐葡萄皮儿。

长扁担和短扁担

长扁担,短扁担,
长扁担比短扁担长半扁担,
短扁担比长扁担短半扁担。
长扁担捆在短板凳上,
短扁担捆在长板凳上;
长板凳不能捆比短扁担长半扁担的长扁担,
短板凳也不能捆比长扁担短半扁担的短扁担。

稀奇

稀奇稀奇真稀奇,
麻雀踩死老母鸡,
蚂蚁身长三尺六,
八十岁的老头儿躺在摇篮里。

敬母亲

生身亲母亲，
谨请您就寝。
请您心宁静，
身心很要紧。
新星伴月明，
银光澄清清。
尽是清静境，
警铃不要惊。
您醒我进来，
进来敬母亲。

炖冻豆腐

说你会炖我的炖冻豆腐，
来炖我的炖冻豆腐。
不会炖我的炖冻豆腐，
别胡炖乱炖假充会炖，
炖坏了我的炖冻豆腐。

牛郎恋刘娘

牛郎年年恋刘娘，
刘娘连连念牛郎。
牛郎恋刘娘，
刘娘念牛郎，
郎恋娘来娘念郎。

满、懒、难

学习就怕满、懒、难，

心里有了满、懒、难,
不看不钻就不前。
心里丢掉满、懒、难,
永不自满边学边干,
蚂蚁也能搬泰山。

比腿

山前住着个崔粗腿,
山后住着个崔腿粗。
俩人山前来比腿,
也不知崔粗腿比崔腿粗的腿粗,
还是崔腿粗比崔粗腿的腿粗。

女小吕

这天天下雨,
体育运动委员会穿绿雨衣的女小吕,
去找计划生育委员会不穿绿雨衣的女老李。
体育运动委员会穿绿雨衣的女小吕,
没找着计划生育委员会不穿绿雨衣的女老李;
计划生育委员会不穿绿雨衣的女老李,
也没见着体育运动委员会穿绿雨衣的女小吕。

学语言

学语言,用语言,
学好语言说话不费难。
播音员学语言,
说话亲切又自然。
演员学语言,
台词传得远。

辨读

找到不念早到,遭到不念早稻。
乱草不念乱吵,制造不念自造。
收不念搜,流不念牛。
无奈别念无赖,恼羞别说成老朽。

化肥会挥发

黑化肥发灰,灰化肥发黑。
黑化肥发灰会挥发,灰化肥挥发会发黑。
黑化肥挥发发灰会花飞,灰化肥挥发发黑会飞花。
黑灰化肥会挥发发灰黑讳为花飞,
灰黑化肥会挥发发黑灰为讳飞花。

一个老头儿

一个老头儿,上山头儿,
砍木头儿,砍了这头儿砍那头儿。
对面儿来了个小丫头儿,
给老头儿送来一盘儿小馒头儿,
没留神撞上一块大木头儿,
栽了一个小跟头儿。

满天星

天上看,满天星,
地下看,有个坑,
坑里看,有盘冰。
坑外长着一棵松,
松上落着一只鹰,
鹰下坐着一老僧,

僧前点着一盏灯,
灯前搁着一部经,
墙上钉着一根钉,
钉上挂着一张弓。
说刮风,就刮风,
刮得那男女老少难把眼睛睁。
刮散了天上的星,
刮平了地下的坑,
刮化了坑里的冰,
刮断了坑外的松,
刮飞了松上的鹰,
刮走了鹰下的僧,
刮灭了僧前的灯,
刮乱了灯前的经,
刮掉了墙上的钉,
刮翻了钉上的弓。
只刮得:星散、坑平、冰化、松倒、鹰飞、
僧走、灯灭、经乱、钉掉、弓翻的一个绕口令。

六十六岁的刘老六

六十六岁的刘老六,
修了六十六座走马楼,
楼上摆了六十六瓶苏合油,
门前栽了六十六棵垂杨柳,
垂杨柳上拴了六十六匹大马猴。
忽然一阵狂风起,
吹倒了六十六座走马楼,
打翻了六十六瓶苏合油,
压倒了六十六棵垂杨柳,

跑掉了六十六匹大马猴,
气死了六十六岁刘老六。

望夜空 满天星

望夜空,满天星,
光闪闪,亮晶晶,
好像那,小银灯。
大大小小,密密麻麻,闪闪烁烁,数也数不清。
仔细看,看分明,
原来那群星分了星座还起了名。
按亮度,分了等:
一等、二等、三等、四等、五等、六等,一共分六等。
谁最亮,是一等,谁最暗,是六等,
总共不过六千九百多颗是恒星。
星空中,还能看见那大行星和卫星,小行星和彗星,
更有那无数点点繁星看不清。
要想看清它,请你借助现代化的天文望远镜。

喇嘛和哑巴

打南边来了个喇嘛,手里提拉着五斤鳎目,
打北边来了个哑巴,腰里别着个喇叭。
南边提拉鳎目的喇嘛要拿鳎目换北边别喇叭的哑巴的喇叭,
哑巴不乐意拿喇叭换提拉鳎目的喇嘛的鳎目,
喇嘛非要拿鳎目换别喇叭的哑巴的喇叭。
喇嘛抡起鳎目抽了别喇叭的哑巴一鳎目,
哑巴摘下喇叭打了提鳎目的喇嘛一喇叭。
也不知是提拉鳎目的喇嘛抽了别着喇叭的哑巴一鳎目,
还是别着喇叭的哑巴打了提拉鳎目的喇嘛一喇叭。
喇嘛回家炖鳎目,哑巴滴滴答答吹喇叭。

百家姓

百家姓,姓百家,念错了,闹笑话,念念看,差不差?
查贾萨车柴沙夏,彭朋庞潘包白皮。
马麦梅莫牟茅墨,方黄王汪万范花。
房洪冯凤丰封翁,傅胡吴伍邬武乌。
仇周赵招曹寿邵,张常蒋章尚商姜。
廖楼吕卢陆刘鲁,李赖雷林龙梁凌。
牛年聂倪宁侬南,高顾郭葛古柯戈。
甘耿关管邝康孔,陈郑沈程申岑曾。
任饶荣戎融容阮,翟赤祁齐薛戚季。
何贺郝俟韩霍惠,佟冬童董仲钟庄。
朱诸瞿褚祝储楚,许徐舒苏宋孙随。
史诗石师施池斯,尹易殷应严言鄢。
俞余袁游尤姚尧,陶屠邰唐汤谭堂。
狄丁邓杜铁腾戴。

十道黑

一道黑,两道黑,三四五六七道黑,八道九道十道黑。
我买了一个烟袋乌木杆儿,我是掐着它的两头那么一道黑。
二兄弟描眉来演戏,瞧着他的镜子那么两道黑。
粉皮墙上写川字,横瞧竖瞧三道黑。
象牙桌子乌木腿儿,把它放在那炕上那么四道黑。
我买了一只母鸡不下蛋,把它搁着在那笼里捂到黑。
挺好的骡子不吃草,把它牵着在那街上遛到黑。
买了一只小驴不套磨,把它鞴上它的鞍鞯骑到黑。
二姑娘南洼去割麦,丢了她的镰刀拔到黑。
月窠儿的小孩得了病,团几个艾球灸到黑。
卖瓜子的打瞌睡,哗啦啦啦撒了这么一大堆。
他的笤帚簸箕不凑手,那么一个儿一个儿地拾到黑。

第十八单元　曲艺类

在民间曲艺中,像单弦这种说唱形式,很适合运用到播音的吐字归音和气息的练习中,因为它的说重于唱,即使是唱,也十分接近自然语言的音域和声区。说唱单弦,要求气息均匀流畅,以口腔共鸣为主,辅之以胸腔共鸣。在练习中,要根据个人音域的特点,选择适中的音高为起点,做到以情带声、声情并茂,锻炼声音的适应性和可塑性。

风雨归舟

解职入深山,隐云峰受享清闲。/闷来时,抚琴饮酒,山崖以前。/忽见那,西北乾天风雷起,/乌云滚滚黑漫漫。(过门)/唤童儿,收拾瑶琴,至草亭间。/忽然风雨骤,遍地起云烟。/吧嗒嗒的冰雹把山花儿打,轰隆隆的沉雷震山川。/风吹角铃当啷啷地响,哗啦啦的大雨似涌泉。/山洼积水满,涧下似深潭。/霎时风雨住,风儿寒,/天晴雨过,风消云散。/急慌忙驾小船,/登舟离岸至河间。/抬头看,望东南,/云走山头,是碧亮亮的天。/长虹倒挂天边外,/碧绿绿的荷叶衬粉莲。/这不打上来的滴溜溜的金丝鲤,/唰啦啦地放下钓鱼竿。/摇桨船拢岸,弃舟至山前,/唤童儿,放花篮。/收拾蓑衣和渔竿,/一半鱼儿炉水煮,一半在长街换酒钱。

春至河开

春至河开,绿柳时来。梨花放蕊,桃杏花儿开,遍地萌芽土内埋。

农夫锄刨耕春麦。牧牛童儿站在竹篱外,渔翁江心撒下网,单等那打柴的樵夫畅饮开怀。

12.风雨归舟
　王　璐

重整河山待后生

林汝为词　《四世同堂》主题歌

千里刀光影，
仇恨燃九城。
月圆之夜人不归，
花香之地无和平。
一腔无声血，
万缕慈母情。
为雪国耻身先去，
重整河山待后生。

第十九单元 歌曲类

一、琴歌

我们可以通过琴歌的演唱形式练习气息和吐字归音。《黄莺吟》描写了山水花鸟等自然景色,《黄鹤楼送孟浩然之广陵》抒发了作者的离情别绪,《胡笳十八拍》反映古代人民对战争的厌倦。练习时,我们要注意气息下沉,根据曲调的高低灵活运用共鸣。唱词的字头要咬准,归音要到位。声音圆润有力度,有弹性变化。

黄莺吟

王迪定谱

6 | 6 - - 6 | 6 - - 6 5 | 5 - 6 3 | 3 - - 5 | 5 - 2 1 6 ‖
黄 莺, 黄 莺, 金 衣 簇,双 双 语, 桃 杏 花 深 处。

6 - 3 5 | 5 - 2 1 | 6 - - 1 | 5 - - 1 | 6 - - ‖
又 随 烟 外 游 蜂 去, 恣 狂 歌 舞。

黄鹤楼送孟浩然之广陵

李白 词
王迪定谱

1 · 2 | 3 3 | 5 3 | 3 - 3 5 3 | 3 2 3 2 | 2 | 6 6
故 人 西 辞 黄 鹤 楼, 烟 花 三 月 下 扬

6 - | 3 · 5 5 6 5 | 5 3 | 3 5 3 3 2 | 1 - | 2 · 3
州。 孤 帆 远 影 碧 空 尽, 惟 见

3 5 3 3 | 2 3 2 2 1 · | - |
长 江 天 际 流。

胡笳十八拍

蔡琰 词
管平湖 定谱
王 迪 配词

第九拍

1 1 2 | 3·6 6·1 6 5 3 | 3 3·5 | 3 2 | 1·2 3 |
天无 涯 兮　　 地无边，我心愁兮

3 6 | 6 - | 5 6 6 5 3 | 2·3 5 6 6 5 3 | 3·5 |
亦 复然。人 生　　 倏 忽 兮

3·2 3 | 3 5 5 6 | 6 1· 2 | 1 2 3·2 1 2 | 3 2 1 1 2 |
如 白 驹 之过隙，然 不 得 欢乐兮

5 6 5 3 5 | 6 6 - | 1 1 2 | 3·6 | 6 5 6 6 5 3 | 2 - |
当 我之盛年。怨 兮 欲 问 天，

3·3 3 | 3 - | 3·2 3 | 3 5 6 | 6·1 | 1·6 1 2 |
天 苍苍兮 上 无　　 缘。举

6·1 5 6 | 6 6 5 5 6 | 6 5 3 2 | 3 3 3 3 5 3 2 | 3 - |
头　 仰望 兮　 空云烟，

5 6 6·1 | 5 6 1 2 1 | 3·2 1 2 | 3·2 1 2 |
九 拍 怀情 兮 谁 与 传，

3·5 6 1 2 7 6 | 5 6 5 3 5 | 6 6 - ‖
九 拍 怀情 兮 谁　 与 传？

第十拍

城头烽火不曾灭，疆场征战何时歇？杀气朝朝冲塞门，胡风夜夜吹边月。故乡隔兮音尘绝，哭无声兮气将咽。一生辛苦缘离别，十拍悲深兮泪成血，十拍悲深兮泪成血，泪成血。

二、通俗歌曲

大海啊故乡

电影《大海在呼唤》主题歌

1=C 3/4

王立平词曲

稍慢 深情地

(5 6 5. 3 | 5 6 5 — | 6 5 4 1 6 5 | 5 — — |

3 4 3. 2 1 | 6 2 2 — | 4 5 4 3 1 6 | 1 — —)|

1 2 1. 7 6 | 5 3 3 — | 3 4 3. 2 1 | 6 2 2 — |
小时候 妈妈 对我讲, 大海 就是 我故乡。

7 1 7. 6 5 | 6 2 2 — | 4. 3 1 6 | 1 — — | 5 6 5. 3 |
海边 出生, 海里成长。 大海 啊

5 6 5 — | 6 5 4 1 1 6 5 | 5 — — | 3 4 3. 2 1 | 6 2 2 — |
大 海, 是我生活的地 方, 海风吹, 海浪涌,

4 5 4 3 1 6 | 1 — — | 5 6 5. 3 | 5 6 5 — | 6 5 4 1 6 3 |
随我飘流四方。 大海 啊大海, 就像妈妈一

5 — — | 3 4 3. 2 1 | 6 2 2 — | 4 5 4 3 1 6 | 1 — — |
样, 走遍天涯 海角, 总在我的身 旁。

同一首歌

1=F 4/4

陈哲 迎节 词
孟卫东 曲

(5 1 2 | 3 - - 21 | 2 - 1 6 | 1 - - - | 1 - - -)

‖: 5 - 1 2 | 3· 4 3 1 | 2 - 1 6 | 1 - - -
(合) 鲜　花曾告诉我你怎　样走　过，
(...) 水　千条山万座我们　曾走　过，

5 - 1 2 | 3 3 4 5 1 | 4· 3 5 2 3 | 3 2 2 - |
大　地知道你心中的　每一个角　落。
每　一次相逢和笑脸　都彼此铭　刻。

高 ｢ 3 - 5 1 | 7· 6 6 - | 5 5 6 7 6 5 | 3 - - -
　　甜　蜜的梦　啊谁都不会错　过，
　　在　阳光灿　烂欢乐的日子　里，

低 ｣ 1 - 3 5 | 4· 4 4 - | 5 4 3 2 2 | 1 - - -

｢ 4· 4 5 6 | 5 4 3 2 - | 7 7 6 5 6 | 1 - - :‖
  终　于迎来 今　天 这欢聚时　刻。
  我　们手拉 手　啊 想说的太　多。

｣ 2· 2 3 4 | 5 4 3 2 - | 7 7 6 5 6 | 1 - - :‖

女 ｢‖: i - 6 - | 4· 5 6 - | 7 7 7 6 5 | 3 - - -
　　星　光　洒　满了　所有的童　年，
　　阳　光　想　渗透　所有的语　言，

男 ｣‖: 1 1 4 6 | 4 - - 4 3 | 2 - 1 2 | 3 5 - -
　　啊星光　洒　满了所　有的童　年，
　　啊星光　想　渗透所　有的语　言，

女 ｢ i - 6 - | 4· 5 6 - | 6 6 6 #4 3 | 2 - - ｝
　　风　雨　走　遍了　世间的角　落。
　　春　天　把　友好的　故事传　说。

男 ｣ 1 1 4 6 | 6 - - 6 5 | #4 - - 2 3 | 5 5 -

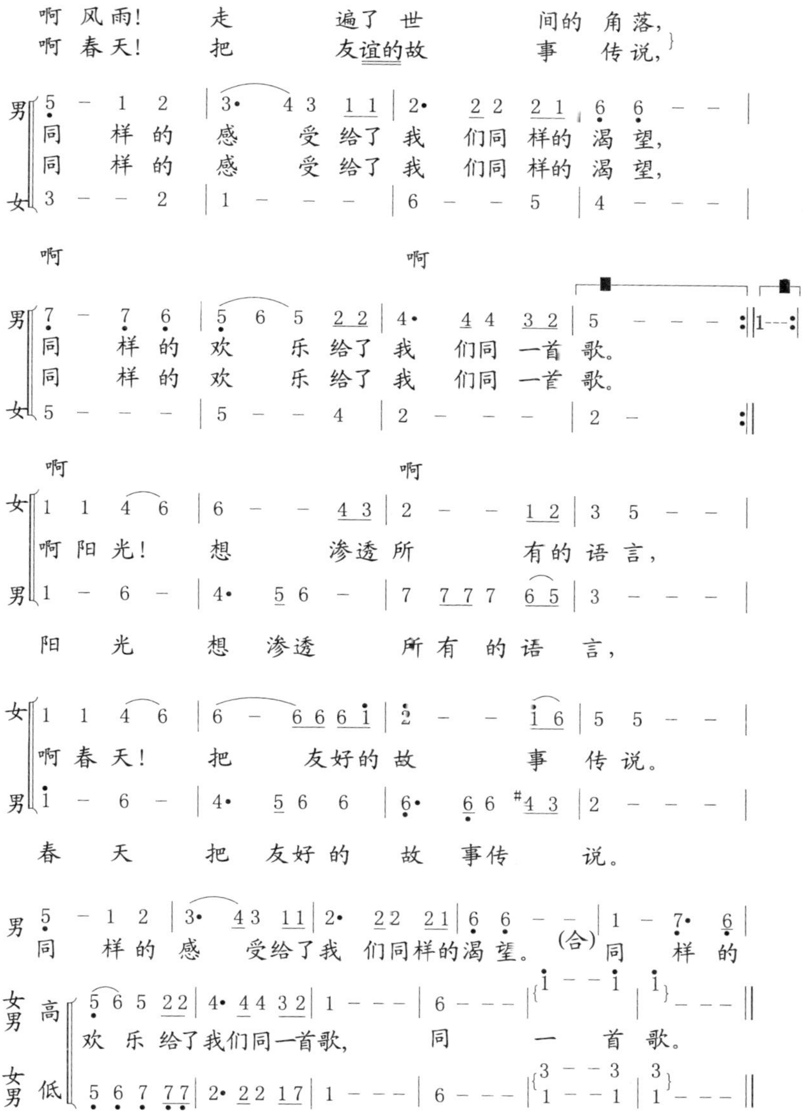
啊风雨！走遍了世间的角落，
啊春天！把友谊的故事传说，
男
同样的感受给了我们同样的渴望，
同样的感受给了我们同样的渴望，
女
啊 啊
男
同样的欢乐给了我们同一首歌。
同样的欢乐给了我们同一首歌。
女
啊 啊
女
啊阳光！想渗透所有的语言，
男
阳光想渗透所有的语言，
女
啊春天！把友好的故事传说。
男
春天把友好的故事传说。
男
同样的感受给了我们同样的渴望。(合)同样的
女男 高
欢乐给了我们同一首歌，同一首歌。
女男 低

后　记

　　时间过得飞快，转眼间《语音发声（第4版）》即将和读者见面了。第3版发行的这五年间感谢师长、亲人、朋友、同事对我莫大的支持与帮助，我得到了许多的历练与成长，心态也更为成熟与从容，我想这也是岁月馈赠给我的礼物吧！当然也要谢谢我的学生们，每一次教学都是与他们的思想交流，不带功利心的学习是最快乐的！并不仅仅是我给学生指点与帮助，他们也给予了我许多精神力量，谢谢这些开悟我的智慧学生！

　　第1版、第2版、第3版的《语音发声》创造了骄人的销售业绩，足见播音与主持艺术专业的迅猛发展。曾经有人告诉我，这本书是播音主持艺术从业者基本功训练的常备手册，被广大读者视为"绿宝书"，这也给了我许多的压力。希望这次修订能够锦上添花，而不是画蛇添足。

　　感谢王璐老师对我的充分信任和提携，再次将这本书第4版修订的任务交给了我。王老师与我可以说是忘年交。在我本科、硕士研究生学习期间，在我留校任教之后，王老师一直给予我悉心的指导和帮助。王老师严谨治学、一丝不苟的态度深深感染着我，让我这个晚辈不敢有丝毫怠慢，在前辈积累的理论和实践经验的基础上我继续前行。写作的过程也是我深化教学心得的过程，我再次系统梳理了普通话语音与播音发声理论的脉络，我自己是书稿的最大受益者。

　　在我成长的道路上一直伴随着王璐老师的谆谆教导和体贴

后 记

入微的关怀,如果没有前辈充当摆渡人,我们这些后辈将无法前行。感谢书中所有引用文章的作者为我们提供的精神食粮,感谢责任编辑赵欣为本书出版做了大量的编审和校对工作,正是你们无私的支持,才会有这本书的最终出版!

吴洁茹
2019 年 10 月

图书在版编目(CIP)数据

语音发声/王璐,吴洁茹编著.--4版.--北京:中国传媒大学出版社,2019.12(2024.5重印)

(融媒体播音员主持人训练手册)

ISBN 978-7-5657-2599-9

Ⅰ.语… Ⅱ.①王… ②吴… Ⅲ.①播音—发声法 Ⅳ.①G222.2

中国版本图书馆 CIP 数据核字(2019)第 222324 号

语音发声(第4版)
YUYIN FASHENG(DI-SI BAN)

编　　著	王　璐　吴洁茹
策划编辑	赵　欣
责任编辑	赵　欣
责任印制	李志鹏
封面设计	拓美设计

出版发行	中国传媒大学出版社		
社　　址	北京市朝阳区定福庄东街1号	邮　　编	100024
电　　话	86-10-65450528　65450532	传　　真	65779405
网　　址	http://cucp.cuc.edu.cn		
经　　销	全国新华书店		
印　　刷	北京中科印刷有限公司		
开　　本	880mm×1230mm　1/32		
印　　张	9.5		
字　　数	256千字		
版　　次	2019年12月第4版		
印　　次	2024年5月第6次印刷		
书　　号	ISBN 978-7-5657-2599-9/G·2599		
定　　价	38.00元(附数字资源)		

本社法律顾问:北京嘉润律师事务所　郭建平